1 Umschlag

1 Doppelumschlag
So viele Umschläge, wie die Zahl angibt

1 Umschlag mit der rechten Masche rechts zusammenstricken

2 Maschen nacheinander mit dem Umschlag rechts zusammenstricken

1 Masche mit Umschlag rechts zusammenstricken

1 Masche mit Umschlag links zusammenstricken

1 Masche mit Umschlag abheben

2 Maschen zusammen mit 1 Umschlag abheben

Die Fortsetzung der Zeichenerklärungen für die Strickschriften befindet sich auf den Seiten 236 bis Buchende.

Inhalt:

Rechts-Linksmaschenmuster 8–29
Kissen 30–36
Farbzusammenstellungen 37, 44, 45
Zopfmuster 38–59
Noppen- und Schlingenmuster 60–73
Patentmuster 74–80
Gestickt auf Strickgrund 81–89
Pfauenschweifmuster 90–93
Durchbruchmuster 94–123
Drei gestrickte Spitzen 124–125
Vier Dreiecktücher 126–129
Flächenmuster 130–149
Zweifarbige Musterstrickerei 150–163
Fingerhandschuhe 164–168
Fausthandschuhe 169–173
Strümpfe 174–179
Hüttenschuhe 180–181
Ausschnittgestaltungen 182–189
Kragen 190–197
Blenden 198–205
Raglanschrägungen 206–209
Runde Passe 210–211
Wichtige Stricktips 212–213
Taschen 214–218
Gestrickte Falten 219–221
Ärmelbündchen 222–225
Strickschriften 226–235
Zeichenerklärungen 236–240
Vorsatz
Nachsatz

Bunte Maschen
Ein Strickbuch

Eva Tiesler

Verlag für die Frau · Leipzig

Tiesler, Eva:
Bunte Maschen: e. Strickbuch/Eva Tiesler. – 1. Aufl. –
Leipzig: Verlag für die Frau, 1989. – 240 S.: zahlr. Ill.
ISBN 3-7304-0243-9

ISBN 2-7304-0243-9

1. Auflage 1989
Alle Rechte vorbehalten
© Verlag für die Frau, Leipzig 1989
Gesamtgestaltung und Illustrationen:
Hannelore Reinhardt-Fischer
Didaktische Illustrationen: Magdalena Riedel
Fotos: Margot Börner (Titel und 83 gestaltete Fotos)
Brigitte Weibrecht (79 Teilstücke)
Heinz Schütze, Verlag für die Frau (78 Teilstücke)
Druckgenehmigungsnummer 126/405/49/89
LSV 9259
Bestellnummer 672 556 8
Printed in the German Democratic Republic
02980

Bunte Maschen · Ein Strickbuch

Was für eine Freude,

bunte Wolle zu etwas zu verarbeiten, was nicht nur schön, sondern zugleich nützlich ist, was unsere Kleidung modisch komplettiert und uns an kalten Tagen wärmt. Immer mehr Frauen, und nicht nur Frauen, entdecken das Hobby „STRICKEN" für sich und sind glücklich, was mit nur 2 Stricknadeln und einem Knäuel Wolle alles entstehen kann. Die Stricktechnik ist eine alte Volkskunst, die von der Großmutter an die Enkelkinder weitergegeben wird und sich dabei fortentwickelt. Weil mit Handgestricktem mancher Wunsch billig erfüllt werden kann, greifen auch junge Menschen gern zu den Stricknadeln. Unter Beachtung des Verwendungszwecks muß Handstrickwolle sorgfältig ausgewählt werden. Im Angebot sind reine Wolle, synthetische Garne, gemischte Garne und Effektgarne. Wollreste zu verarbeiten ist besonders reizvoll.

Die folgenden Seiten bringen eine große Auswahl von Mustervorschlägen für die eigene schöpferische Arbeit, denn gerade das Stricken bietet unendlich viele individuelle Möglichkeiten. Auf den letzten Seiten geben farbige Abbildungen unterschiedliche Gestaltungsbeispiele für den Halsausschnitt, die Ärmel, den Kragen, eine Jackenblende oder die Taschen.

Großes Sternenmuster

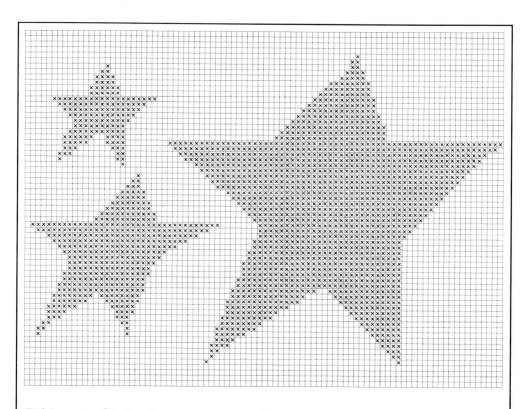

Zählmuster für das Sternenmuster auf Seite 8/9. Man liest das Zählmuster von unten nach oben und die Reihen von rechts nach links ab. Ein leeres Kästchen des Zählmusters gilt für eine Rechtsmasche und ein Kästchen mit einem Kreuz für eine Linksmasche. Das Zählmuster gibt nur die Hinreihen. In den Rückreihen sind Linksmaschen zu stricken. Die Sterne in drei verschiedenen Größen können beliebig in dem obenauf rechts gestrickten Maschengrund verteilt werden.

Maschenanschlag · Rechtsmaschen · Linksmaschen

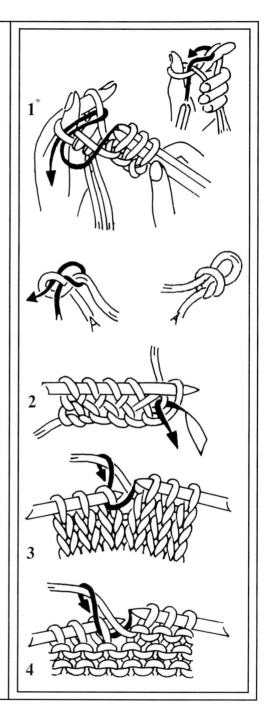

1. Maschenanschlag: Ein langes Fadenende, welches der aufzuschlagenden Maschenanzahl entspricht, legt man von vorn nach hinten um den Daumen der linken Hand. Der vom Knäuel kommende Faden wird über den Zeigefinger geführt, und beide Fäden werden straff gehalten. Nun sticht man mit 2 Stricknadeln von unten in die Daumenschlinge ein und holt den vom Zeigefinger kommenden Faden als Schlinge (Masche) durch. Die folgenden Maschen in gleicher Weise bilden, siehe Pfeil. Zuletzt die zweite Nadel vorsichtig herausziehen.

2. Aufstricken von Maschen: Zunächst bildet man eine Anfangsschlinge, die man auf die linke Nadel nimmt. Mit der rechten Nadel holt man den Arbeitsfaden als Schlinge durch und hebt sie von vorn auf die linke Nadel. Ohne die Nadel aus der Schlinge zu ziehen, wiederholt man den Arbeitsgang so oft, wie Maschen benötigt werden.

3. Rechtsmasche: Mit der rechten Nadel von vorn in die Masche einstechen und den Faden in Pfeilrichtung durchholen.

4. Linksmasche: Den Arbeitsfaden vor die Masche auf der linken Nadel legen und diesen in Pfeilrichtung durchholen.

5. Rechtsverschränkte Masche: Das Muster zeigt einen beliebten Randabschluß. Man strickt in hin- und hergehenden Reihen oder Runden abwechselnd 1 Masche rechtsver-

Verschränkte Maschen · Randmaschen

schränkt und 1 Masche links. Für die rechtsverschränkte Masche den Arbeitsfaden nach hinten legen und in die Masche hinten von rechts nach links einstechen. Den Faden in Pfeilrichtung durchholen, wodurch eine Verdrehung der Masche entsteht.

6. Linksverschränkte Masche: Für dieses Muster strickt man in Runden oder hin- und hergehenden Reihen abwechselnd 1 Masche rechts und 1 Masche linksverschränkt. Dafür den Arbeitsfaden nach vorn legen und in die Masche hinten von links nach rechts einstechen. Den Faden in Pfeilrichtung durchholen, wodurch die Linksverdrehung der Masche entsteht.

7. Kettenrand: Die letzte Masche jeder Reihe ist stets rechts zu stricken. Die erste Masche ist mit vorgelegtem Faden wie zum Linksstricken abzuheben. Der Kettenrand ist locker und dehnbar.

8. Knötchenrand: Die letzte Masche jeder Reihe ist rechts zu stricken und die erste Masche mit hintergelegtem Faden wie zum Rechtsstricken abzuheben. Der Knötchenrand gibt der Strickerei einen festen Halt.

9. Fester Rand: Die erste und letzte Masche jeder Reihe so abstricken, wie sie erscheint, Rechtsmaschen rechts, Linksmaschen links.

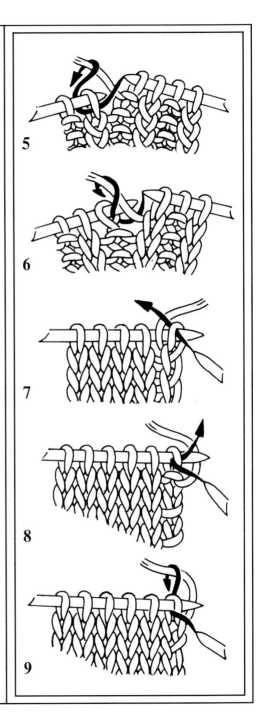

Rechts-Linksmaschenmuster

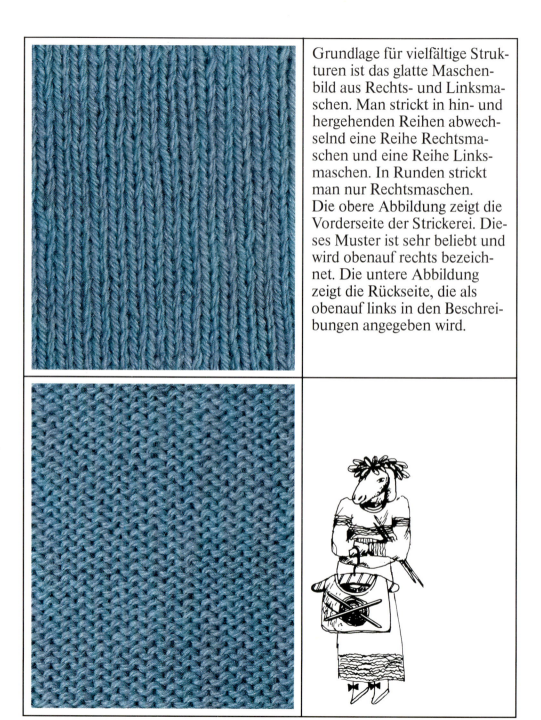

Grundlage für vielfältige Strukturen ist das glatte Maschenbild aus Rechts- und Linksmaschen. Man strickt in hin- und hergehenden Reihen abwechselnd eine Reihe Rechtsmaschen und eine Reihe Linksmaschen. In Runden strickt man nur Rechtsmaschen.
Die obere Abbildung zeigt die Vorderseite der Strickerei. Dieses Muster ist sehr beliebt und wird obenauf rechts bezeichnet. Die untere Abbildung zeigt die Rückseite, die als obenauf links in den Beschreibungen angegeben wird.

Rechts-Linksmaschenmuster

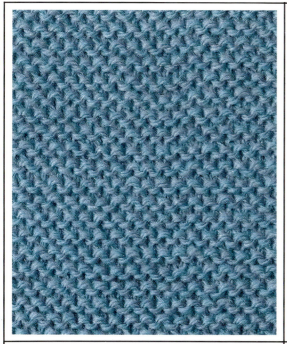

Strickt man in hin- und hergehenden Reihen nur Rechtsmaschen, entsteht das Rippenmuster. In Runden wird abwechselnd eine Runde rechts und eine Runde links gestrickt. Dieses Muster ist durch die Struktur besonders für Randabschlüsse geeignet.

Für dieses, auf beiden Seiten gleiche Muster sind abwechselnd 3 Reihen obenauf rechts und 3 Reihen obenauf links zu stricken. 1. Reihe: rechts. 2. Reihe: links. 3. Reihe: rechts. 4. Reihe: rechts. 5. Reihe: links. 6. Reihe: rechts. 1.–6. Reihe wiederholen.

Rechts-Linksmaschenmuster

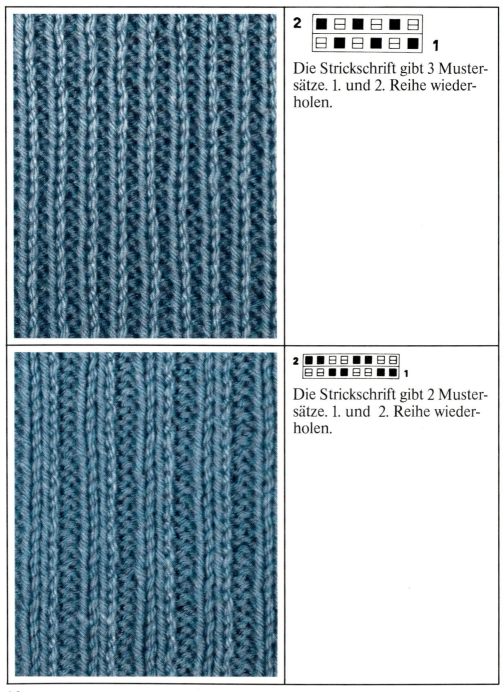

Die Strickschrift gibt 3 Mustersätze. 1. und 2. Reihe wiederholen.

Die Strickschrift gibt 2 Mustersätze. 1. und 2. Reihe wiederholen.

Rechts-Linksmaschenmuster

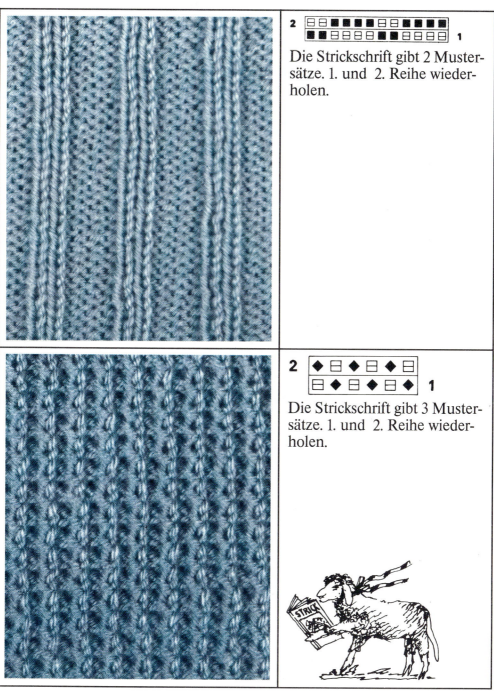

Die Strickschrift gibt 2 Mustersätze. 1. und 2. Reihe wiederholen.

Die Strickschrift gibt 3 Mustersätze. 1. und 2. Reihe wiederholen.

Rechts-Linksmaschenmuster

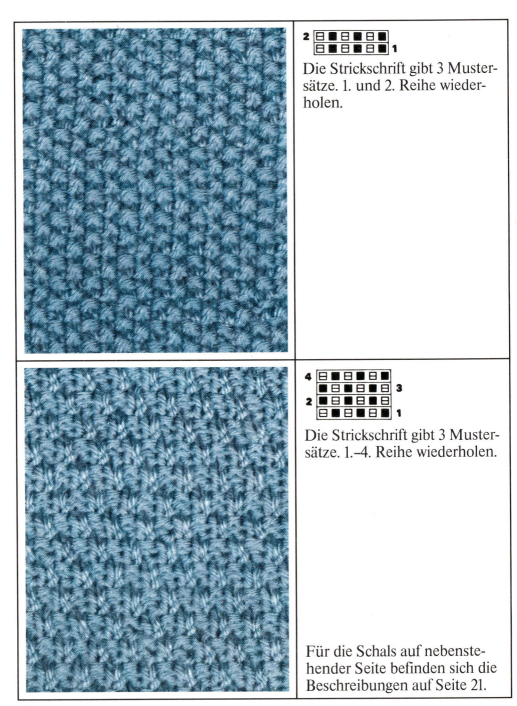

Die Strickschrift gibt 3 Mustersätze. 1. und 2. Reihe wiederholen.

Die Strickschrift gibt 3 Mustersätze. 1.–4. Reihe wiederholen.

Für die Schals auf nebenstehender Seite befinden sich die Beschreibungen auf Seite 21.

Rechts-Linksmaschenmuster

Die Strickschrift gibt 3 Mustersätze. 1.–4. Reihe wiederholen.

Die Strickschrift gibt 2 Mustersätze. In den Rückreihen Rechtsmaschen rechts und Linksmaschen links stricken. 1.–8. Reihe wiederholen.

Ein Schal kann in beliebiger Länge und Breite in jedem Rechts-Links-Maschenmuster gearbeitet werden.

Rechts-Linksmaschenmuster

Der **bunte** Schal wird aus Wollresten (Abbildung links) und der **blaue** Schal einfarbig im Rippenmuster gestrickt, siehe Seite 15 oben.
Den **weißen** Schal mit schrägem Streifenverlauf strickt man im breiten Streifenmuster (Seite 15 unten). Am Anfang jeder Hinreihe nimmt man eine Masche zu, und am Ende sind 2 Maschen zusammenzustricken.
Den **rosafarbenen** Schal beginnt man mit 3 Maschen, strickt im Rippenmuster (Seite 15 oben) und nimmt in jeder Hinreihe nach der 1. und vor der letzten Masche 1 Masche zu. Hat man 13 Maschen auf der Nadel, strickt man über die 5 seitlichen Maschen weitergehend im Rippenmuster und über die mittleren 3 Maschen im doppelten Perlmuster, siehe unteres Muster Seite 18. In jeder Hinreihe verbreitert sich der im Perlmuster gestrickte Mittelteil um 2 Maschen bis zur gewünschten Schalbreite (22 cm). Der Schal wird mit einer Spitze beendet. Dafür strickt man am Ende jeder Reihe 2 Maschen rechts zusammen. Den **lilafarbenen** Schal strickt man obenauf rechts (oberes Muster Seite 14) etwa 15 cm breit. Die Schalenden werden geknotet.

Rechts-Linksmaschenmuster

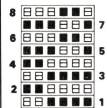

Die Strickschrift gibt einen Mustersatz. 1.–8. Reihe wiederholen.

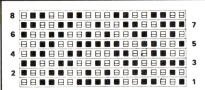

Die Strickschrift gibt einen Mustersatz. 1.–8. Reihe wiederholen.

Rechts-Linksmaschenmuster

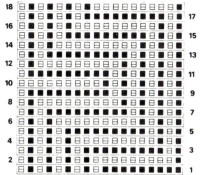

Die Strickschrift gibt einen Mustersatz. 1.–18. Reihe wiederholen.

Die Strickschrift gibt einen Mustersatz. In den Rückreihen Rechtsmaschen rechts und Linksmaschen links stricken. 1.–4. Reihe wiederholen.

Rechts-Linksmaschenmuster

Rechts-Linksmaschenmuster

Dunkelblaues Streifenmuster
Die Strickschrift gibt einen Mustersatz. 1. und 2. Reihe wiederholen.

Zweifarbiges Muster
Die Strickschrift gibt 2 Mustersätze. 1. und 2. Reihe weiß, 3. und 4. Reihe grün stricken. 1.-4. Reihe wiederholen.

Meliertes Muster
Abwechselnd je 8 Reihen im Rippenmuster (Seite 15 oben), obenauf rechts (Seite 14 oben) und obenauf links (Seite 14 unten) stricken.

Hellblaues Streifenmuster
Die Strickschrift gibt einen Mustersatz. In den Rückreihen Rechtsmaschen rechts, Linksmaschen links stricken. 1.-6. Reihe wiederholen.

Die Strickschriften 1–4 für die 4 übrigen Muster befinden sich auf Seite 226.

Rechts-Linksmaschenmuster

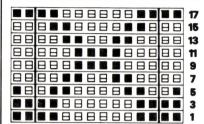

Die Strickschrift gibt einen Mustersatz. In den Rückreihen Rechtsmaschen rechts, Linksmaschen links stricken.
3.–18. Reihe wiederholen.

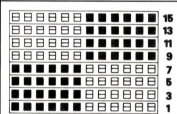

Die Strickschrift gibt einen Mustersatz. In den Rückreihen Rechtsmaschen rechts, Linksmaschen links stricken.
1.–16. Reihe wiederholen.

Rechts-Linksmaschenmuster

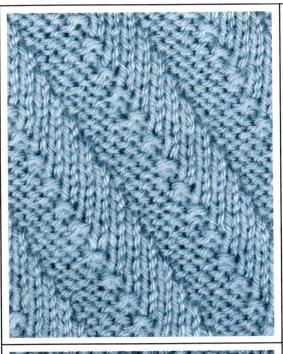

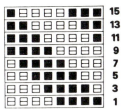

Die Strickschrift gibt einen Mustersatz. In den Rückreihen Rechtsmaschen rechts, Linksmaschen links stricken.
1.–16. Reihe wiederholen.

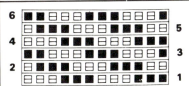

Die Strickschrift gibt 2 Mustersätze. 1.–6. Reihe wiederholen.

Rechts-Linksmaschenmuster

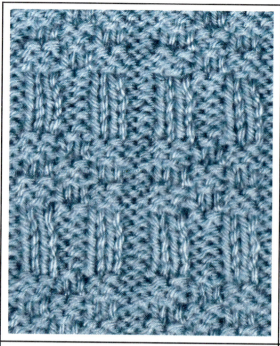

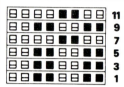

Die Strickschrift gibt einen Mustersatz. In den Rückreihen Rechtsmaschen rechts, Linksmaschen links stricken.
1.–12. Reihe wiederholen.

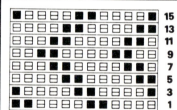

Die Strickschrift gibt 2 Mustersätze. In den Rückreihen Rechtsmaschen rechts, Linksmaschen links stricken.
1.–16. Reihe wiederholen.

Rechts-Linksmaschenmuster

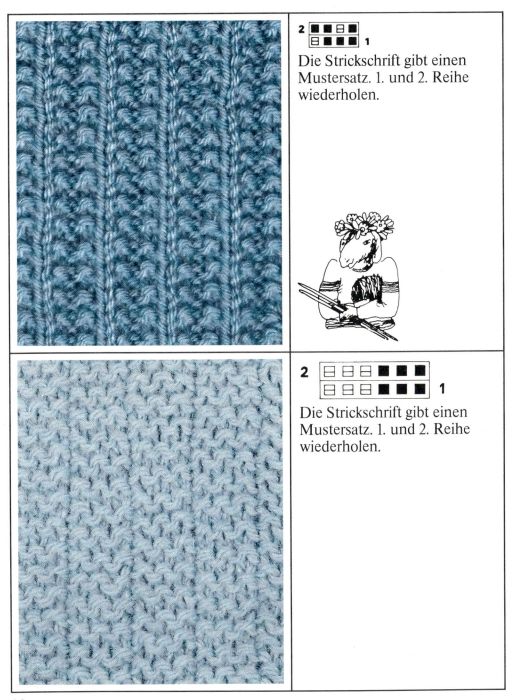

Die Strickschrift gibt einen Mustersatz. 1. und 2. Reihe wiederholen.

Die Strickschrift gibt einen Mustersatz. 1. und 2. Reihe wiederholen.

Gestrickte Kissen

Schema für die gestrickten Kissen auf Seite 31 und 34.
MA = Maschenanschlag

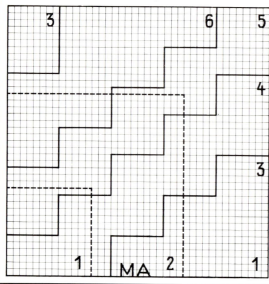

Die 3 Kissen auf nebenstehender Seite sind etwa 40 bis 42 cm im Quadrat groß. Für die Verarbeitung eignen sich Reste aus starkem Wollgarn, und zwar für jedes Kissen etwa 220 g bis 250 g (Vorder- und Rückwand).
Das zweifarbige Kissen oben strickt man im Rippenmuster (siehe Seite 15) nach dem Schema auf dieser Seite. 1 Kästchen = 1 cm. Die gestrichelten Linien sind für die Verteilung der Farben maßgebend. Man strickt zunächst mit 3 Farbfäden, bis zur gestrichelten Linie lila (1) und innerhalb der gestrichelten Linien hellblau (2), dann wieder lila. Oberhalb der ersten waagerechten gestrichelten Linie strickt man mit 2 Farbfäden weiter und vollendet das Kissen einfarbig lila. Die Abbildung links unten zeigt einen Ausschnitt des Musters. Das Verkreuzen der Farbfäden zeigt die Arbeitsprobe auf Seite 36. Das **dreifarbige Kissen** strickt man ebenfalls im Rippenmuster, d. h. stets rechts. Die Streifen sind je 14 cm breit, hellrot, rosafarben, dunkelrot. Das **bunte Kissen** strickt man obenauf rechts, Hinreihen rechts, Rückreihen links. Stets nach 5 cm Höhe ist die Farbe zu wechseln.

Schräger Farbübergang

Schräger Farbübergang von rechts unten nach links oben. Man strickt obenauf rechts nach dem Zählmuster. 1 Kästchen gilt für eine Strickmasche. Leeres Kästchen = weiß. Kästchen mit Kreuz = blau.

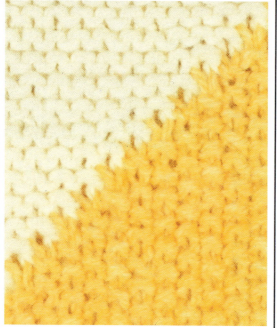

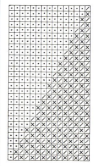

Schräger Farbübergang von links unten nach rechts oben. Man strickt die gelben Maschen im Perlmuster, siehe Seite 18 oben. Die weißen Maschen im Rippenmuster stets rechts stricken. 1 Kästchen gilt für eine Strickmasche. Punkt = weiß. Kreuz bzw. Strich = gelb.

Schräger Farbübergang

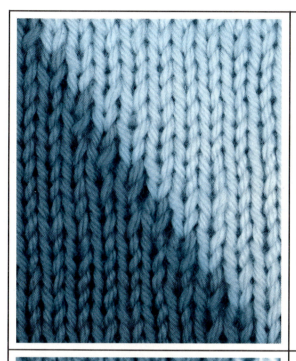

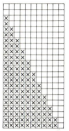

Steiler Farbübergang von rechts unten nach links oben. Man strickt obenauf rechts nach dem Zählmuster. 1 Kästchen gilt für eine Strickmasche. Leeres Kästchen = weiß. Kästchen mit Kreuz = blau.

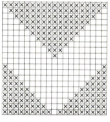

Farbübergang mit Spitze. Man strickt obenauf rechts mit 3 Farbfäden nach dem Zählmuster. 1 Kästchen gilt für eine Strickmasche. Leeres Kästchen = weiß. Kästchen mit Kreuz = blau.

Schräger Farbübergang

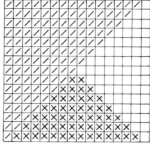

Zusammentreffen von 3 Farbflächen. Man strickt obenauf rechts mit 3 bzw. 2 Farbfäden nach dem Zählmuster. Ein Kästchen gilt für eine Strickmasche. Leeres Kästchen = weiß. Kästchen mit Kreuz = blau. Kästchen mit Schrägstrich = gelb.

Zählmuster 5 für das untere Muster auf Seite 227.

Die 3 quadratischen Kissen auf nebenstehender Seite zeigen verschiedene Flächenaufteilungen. Das **4farbige Kissen** mit Zacken strickt man nach dem Schema auf Seite 30 in hin- und hergehenden Reihen stets rechts. 3 = hellrot, 4 = schwarz, 5 = lila, 6 = dunkelrot. Die starken Linien sind maßgebend. Man beginnt am unteren Rand und strickt mit 2 Farbfäden hellrot und schwarz. Für das Verkreuzen der Farbfäden siehe Arbeitsprobe Seite 36 oben. Dafür legt

Gestrickte Kissen

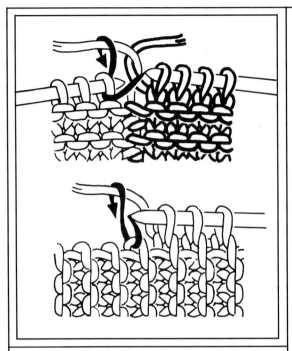

man in den Hinreihen den gebrauchten Faden vor den neuen und in den Rückreihen dahinter.
Das **Kissen mit 4 verschiedenen Farbflächen** strickt man nach dem Schema auf dieser Seite in hin- und hergehenden Reihen im Rippenmuster (stets rechts). 1 = schwarz, 2 = hell-lila, 3 = weiß, 4 = gelb, 5 = fliederfarben. Nach 2 cm Höhe schwarz strickt man mit 5 Farbfäden weiter. Für das Verkreuzen siehe Arbeitsprobe oben. Nach 24 cm Höhe und als Abschluß 2 cm schwarz stricken.
Für das **dreifarbige Kissen** strickt man zuerst das 10 cm große gelbe Mittelquadrat im Rippenmuster, siehe Schema, gestrichelte Linien. 8 = gelb. 7 = orangefarben. 6 = cyklamfarben. Zuletzt läßt man die Maschen auf der Nadel, strickt aus Rand- und Anschlagmaschen neue Maschen auf, siehe nebenstehende Arbeitsprobe, und strickt in Rechtsrunden orangefarben weiter. Zur Bildung der Form in jeder 2. Runde beiderseitig der Eckmasche 1 Masche rechtsverschränkt aus dem Verbindungsfaden stricken. Den Abschluß bildet ein 6 cm breiter, cyklamfarbener Rand im Rippenmuster.

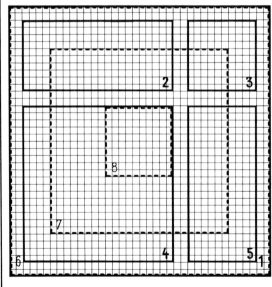

1 Kästchen = 1 cm im Quadrat

Farbzusammenstellungen

Zopfmuster

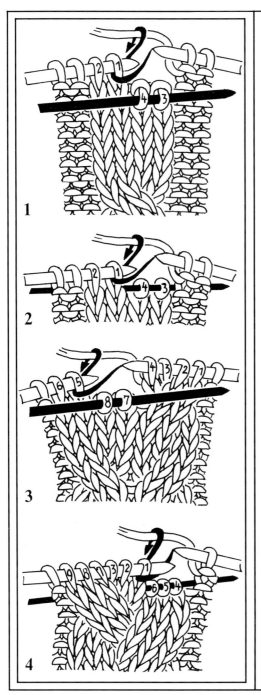

Durch das Verkreuzen von Maschen entsteht das Zopfmuster. Dafür benötigt man eine Hilfsnadel, auf der während der Arbeit die zu verkreuzenden Maschen nach vorn bzw. nach hinten gelegt werden.
1. Die Arbeitsprobe zeigt den einfachen Zopf mit 4 nach links verkreuzten Maschen. Die ersten 2 Maschen werden auf eine Hilfsnadel nach vorn gelegt und zunächst die 2 folgenden Maschen dahinter rechts gestrickt. Nun strickt man die Maschen von der Hilfsnadel rechts ab.
2. Für den einfachen Zopf mit nach rechts verkreuzten Maschen werden die ersten 2 Maschen auf eine Hilfsnadel nach hinten gelegt und die Maschen den Zahlen entsprechend abgestrickt.
3. Strickt man die Verkreuzungen von der 2. und 1. Abbildung nebeneinander, entsteht der 4fache Zopf oder auch Tulpenzopf genannt. Die ersten 4 Maschen werden nach rechts und die folgenden 4 Maschen nach links verkreuzt. In umgekehrter Verkreuzungsfolge und mit doppelter Maschenanzahl entsteht der Zopf auf Seite 39.
4. Für den dreifachen Zopf benötigt man eine durch 3 teilbare Maschenanzahl. Den Zahlen entsprechend verkreuzt man die ersten 6 Maschen nach rechts und in der 5. Reihe die letzten 6 Maschen nach links.

Zopfmuster

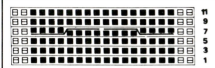

Rechts:
1.–12. Reihe wiederholen.

Strickschriften für die Muster auf den Seiten 40 und 41.

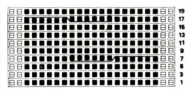

1.–20. Reihe wiederholen.

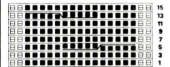

1.–16. Reihe wiederholen.

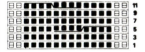

1.–12. Reihe wiederholen.

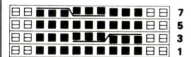

1.–8. Reihe wiederholen.

3.–6. Reihe wiederholen.

In den Rückreihen die Rechtsmaschen rechts, Linksmaschen links.

Die Strickschriften für die Muster befinden sich auf Seite 39.

Zopfmuster

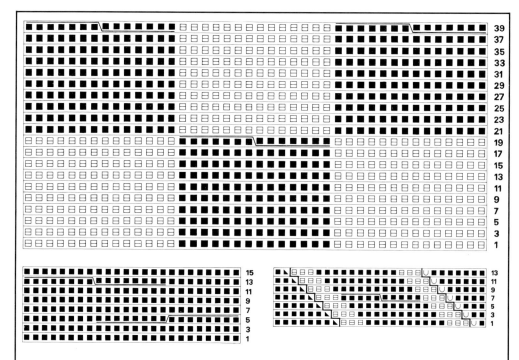

Drei gestrickte Kissen mit Zopfmuster aus weißem starken Wollgarn. Die Größe der Kissen beträgt etwa 40 cm im Quadrat. Das **obere Kissen** beginnt man mit 8 Reihen obenauf rechts und strickt dann nach der oberen Strickschrift weiter. Die Strickschrift gibt die Musterbreite (42 Maschen). Zusätzlich sind noch beiderseitig je 8 Maschen obenauf rechts zu stricken. Nach der 40. Reihe die 1.–20. Reihe und 8 Reihen obenauf rechts stricken.

Das Kissen mit dem breiten Zopf strickt man in beliebiger Größe obenauf links. Nach 2 Reihen beginnt in der Mitte der Zopf nach der Strickschrift oben links. Dafür ist jede 3. Masche aus dem Verbindungsfaden herauszustricken. In den Rückreihen Linksmaschen stricken. Die 1.–16. Reihe ist zu wiederholen. In der letzten Hinreihe werden jede 2. und 3. Masche rechts zusammengestrickt.

Das Kissen mit dem schrägen Zopf strickt man obenauf rechts. Nach 4 Reihen beginnt nach der Randmasche und 1 Rechtsmasche der Zopf. Man strickt nach der Strickschrift rechts oben. In den Rückreihen sind Rechtsmaschen rechts und Linksmaschen links zu stricken. Am Anfang der Reihe nimmt die Anzahl der Rechtsmaschen in den Hinreihen zu und nach dem Zopf (innerhalb der starken Linien) ab. Die 3.–14. Reihe ist zu wiederholen.

Zopfmuster

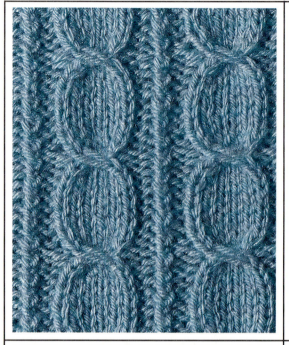

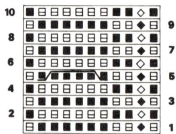

1.-10. Reihe wiederholen.

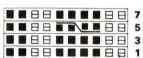

In den Rückreihen Rechtsmaschen rechts, Linksmaschen links stricken. 1.-8. Reihe wiederholen.

Zopfmuster

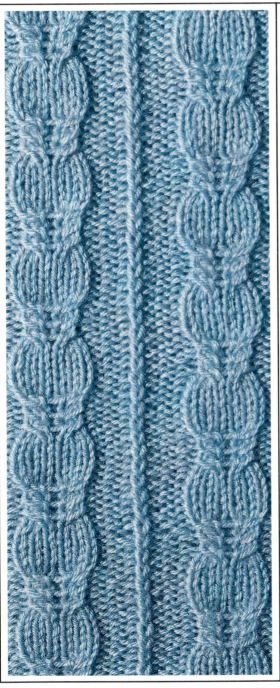

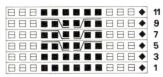

In den Rückreihen Rechtsmaschen rechts, Linksmaschen links und rechtsverschränkte Maschen mit vorgelegtem Faden abheben. 1.–12. Reihe wiederholen.

Zopfmuster

Zopfmuster

In den Rückreihen Rechtsmaschen rechts, Linksmaschen links stricken. 1.–6. Reihe wiederholen.

In den Rückreihen Rechtsmaschen rechts, Linksmaschen links stricken. 1.–6. Reihe wiederholen.

In den Rückreihen Rechtsmaschen rechts, Linksmaschen links stricken. 1.–4. Reihe wiederholen.

Zopfmuster

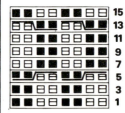

Die Strickschrift gibt einen Mustersatz. In den Rückreihen Rechtsmaschen rechts, Linksmaschen links stricken.
1.-4. Reihe wiederholen.

Die Strickschrift gibt 2 Mustersätze. In den Rückreihen Rechtsmaschen rechts, Linksmaschen links stricken.
1.-16. Reihe wiederholen.

Zopfmuster

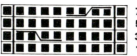

Den Mustersatz innerhalb der starken Linien wiederholen. Die Maschen außerhalb nur am Anfang und Ende der Reihe stricken. 1.–8. Reihe wiederholen.

In den Rückreihen Rechtsmaschen rechts, Linksmaschen links stricken. 3.–10. Reihe wiederholen.

Zopfmuster

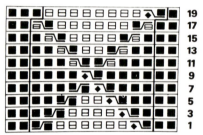

Die Strickschrift gibt 2 Mustersätze, die innerhalb der starken Linien zu wiederholen sind. Die Maschen außerhalb sind nur am Anfang und Ende der Reihe zu stricken. 1.–4. Reihe wiederholen.

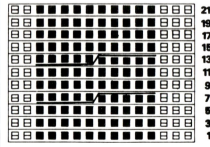

Den Mustersatz innerhalb der starken Linien wiederholen. Die Maschen außerhalb nur am Anfang und Ende der Reihe stricken. In den Rückreihen Rechtsmaschen rechts und Linksmaschen links stricken. 1.–20. Reihe wiederholen.

Rechte Seite:
In den Rückreihen Rechtsmaschen rechts, Linksmaschen links. 1.–22. Reihe wiederholen.

Zopfmuster

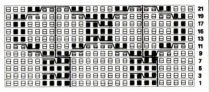

Den Mustersatz innerhalb der starken Linien wiederholen. Die Maschen außerhalb nur am Anfang und Ende der Reihe stricken. In den Rückreihen Rechtsmaschen rechts, Linksmaschen links stricken. 3.–22. Reihe wiederholen.

Rechte Seite:
In den Rückreihen Rechtsmaschen rechts, Linksmaschen links stricken. 1.–4. Reihe wiederholen.

Zopfmuster

Zopfmuster

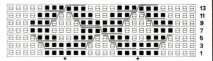

Die Strickschrift gibt innerhalb der Pfeile einen Mustersatz, der zu wiederholen ist. Die Maschen außerhalb sind Randmaschen und nur am Anfang und Ende der Reihe zu stricken. In den Rückreihen Rechtsmaschen rechts, Linksmaschen links stricken.
3.-14. Reihe wiederholen.

Die gestrickte Kinderwagendecke auf den Seiten 56 und 57 wird aus 9 etwa 15 cm großen Quadraten zusammengesetzt, kann aber auch beliebig vergrößert werden. Jedes Quadrat wird in einem anderen Muster gearbeitet und dem Schema auf Seite 55 entsprechend zusammengehäkelt.

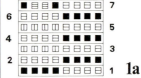

1a

1. Quadrat: 36 Maschen Anschlag. Hin- und hergehend nach der Strickschrift 1 a und Arbeitsprobe 1 b stricken.
2.-7. Reihe wiederholen, nur

Kinderwagendecke

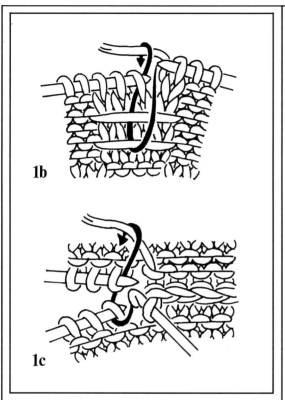

1b

1c

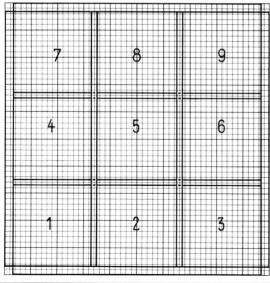

die Maschen versetzen, so daß die Rechtsmaschen über die Linksmaschen und die Linksmaschen über die Rechtsmaschen treffen.

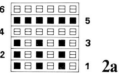

2a

2. Quadrat: 31 Maschen Anschlag. Hin- und hergehend nach der Strickschrift 2 a stricken. 1.–6. Reihe wiederholen. Dabei beachten, daß in der 4.–6. Reihe seitlich über 3 Maschen und als Abschluß 3 Reihen im Perlmuster zu stricken sind.

3. Quadrat: 31 Maschen Anschlag. Hin- und hergehend im Netzpatentmuster stricken, Strickschrift siehe Seite 79.

4. Quadrat: 29 Maschen Anschlag. Hin- und hergehend im Patentmuster stricken. Strickschrift siehe Seite 76 oben.

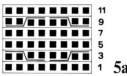

5a

5. Quadrat: 32 Maschen Anschlag. Hin- und hergehend stets Rechtsmaschen stricken (Rippenmuster). Nach 4 Rei-

Kinderwagendecke

...nderwagendecke

hen über die mittleren 8 Maschen einen Zopfstreifen nach der Strickschrift 5 a auf Seite 55 stricken und über die seitlichen Maschen weiter im Rippenmuster. Die 1.–12. Reihe ist zu wiederholen. Rückreihen links. Der Zopfstreifen ist nach einer 12. Reihe beendet. Als Abschluß folgen noch 4 Reihen im Rippenmuster.

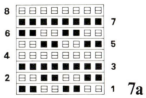

6a

6. Quadrat: 35 Maschen Anschlag. Hin- und hergehend stets Rechtsmaschen stricken (Rippenmuster). Nach 6 Reihen folgt das Längsstreifenmuster nach der Strickschrift 6 a. Die 1.–4. Reihe ist zu wiederholen. Seitlich 3 Maschen und als Abschluß 4 Reihen im Rippenmuster stricken.

7a

7. Quadrat: 34 Maschen Anschlag. Hin- und hergehend nach Strickschrift 7 a stricken. 1.–8. Reihe wiederholen.

Fortsetzung Seite 58.

Zopfmuster

8. Quadrat: An der rechten unteren Ecke mit 3 Maschen beginnen und in hin- und hergehenden Reihen stets Rechtsmaschen stricken (Rippenmuster). In jeder Reihe am Ende 1 Masche zunehmen. Dafür aus der letzten Masche 1 Masche rechtsverschränkt und 1 Masche rechts stricken. Nach 15 cm Seitenlänge Maschen abnehmen. Dafür am Ende jeder Reihe 2 Maschen rechts zusammenstricken.

 9a

9. Quadrat: 32 Maschen Anschlag und nach der Strickschrift 9 a stricken. 1.–6. Reihe wiederholen.

Die fertigen Quadrate dem Schema auf Seite 55 entsprechend zusammensetzen. Aus den Randmaschen neue Maschen herausholen, zwischen 2 Quadraten 4 Maschen neu aufschlagen, 1 Rückreihe rechts stricken und die Maschen von den sich gegenüberliegenden Quadratseiten nach der Arbeitsprobe 1 c auf Seite 55 abketten. Zuletzt ringsum (8 Reihen obenauf rechts) anstricken. Strickschriften 6–10 für die Muster auf diesen Seiten auf Seiten 227 und 228.

Zopfmuster

Noppen- und Schlingenmuster

Noppen entstehen durch Herausholen von Schlingen und Zusammenstricken nach den in den Strickschriften angegebenen Zeichen.

1. Aus einer Masche 3 Maschen stricken, und zwar 1 Masche rechts, 1 Umschlag, 1 Masche rechts.
2. Aus einer Masche 3 Maschen stricken, und zwar 1 Masche rechts, 1 Masche links, 1 Masche rechts.
3. Für die Wickelmasche 3 Maschen ungestrickt auf eine Hilfsnadel nehmen und den Arbeitsfaden 5mal von hinten nach vorn um diese Maschen wickeln. Dann die 3 Maschen je rechts abstricken.
4. Für diese Schlinge sticht man nach der 3. Masche ein und holt den Arbeitsfaden als Schlinge durch. In der Rückreihe wird diese Schlinge mit der folgenden Masche links zusammengestrickt.
5. Aus einer Masche 7 Maschen stricken, und zwar 1 Masche rechts, 1 Umschlag im Wechsel, zuletzt noch 1 Masche rechts. Dabei eine Reihe tiefer in die Masche einstechen. In der folgenden Reihe diese 7 Maschen links zusammenstricken.
6. Aus einer Masche 5 Maschen stricken, und zwar 1 Masche rechts, 1 Umschlag, 1 Masche rechts, 1 Umschlag und 1 Masche rechts. Dabei 3 Reihen tiefer einstechen. Die Maschen mit der folgenden Masche rechtsverschränkt zusammenstricken.

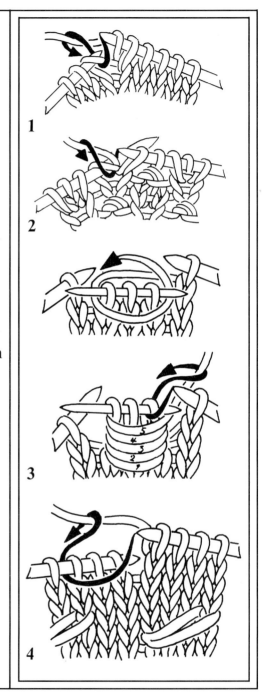

Noppen- und Schlingenmuster

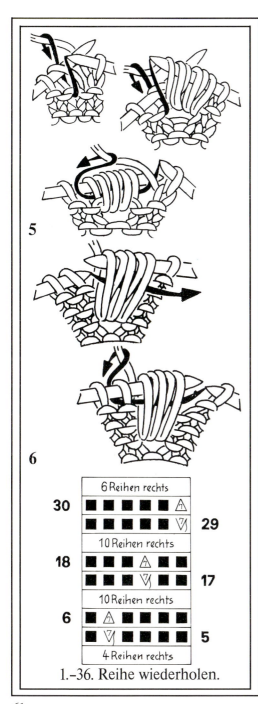

1.–36. Reihe wiederholen.

Die Strickschriften 11-14 für diese Muster befinden sich auf Seite 228.

Noppen- und Schlingenmuster

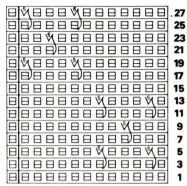

Rückreihen rechts stricken. 1.–28. Reihe wiederholen. Die Maschen außerhalb der starken Linie sind Randmaschen.

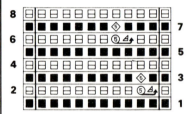

1.–8. Reihe wiederholen, dabei beachten, daß die Noppen um die 2 Maschen vor den unteren Noppen zu arbeiten sind. Die Maschen außerhalb der starken Linien sind Randmaschen.

Noppen- und Schlingenmuster

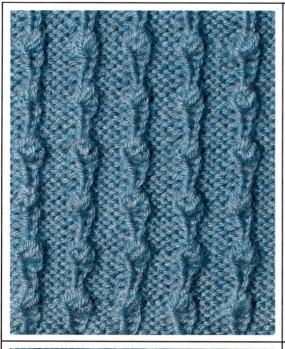

1.–6. Reihe wiederholen. In der 3. Reihe sind aus 1 Masche 5 Maschen herauszustricken, die in der 4. Reihe links zusammenzustricken sind.

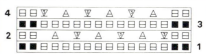

Die Strickschrift gibt den ganzen Musterstreifen in der Breite. 1.–4. Reihe wiederholen. In der 2. und 4. Reihe sind abwechselnd 3 Maschen links zusammenzustricken und aus einer Masche 3 Maschen (1 Masche rechts, 1 Masche links, 1 Masche rechts) herauszustricken.

Noppen- und Schlingenmuster

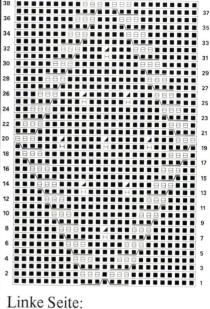

Linke Seite:
Die Strickschrift gibt den ganzen Musterstreifen in der Breite. 1.–38. Reihe wiederholen.

Oben:
Die Strickschrift gibt eine Noppe, die in beliebiger Anordnung dem Rippenmuster einzustricken ist.
1.–6. Reihe wiederholen.
Zuletzt unterhalb eine 3fädige 2 cm lange Franse einknüpfen.

Die Strickschrift für das untere Muster folgt auf Seite 68.

Noppen- und Schlingenmuster

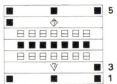

Strickschrift für das untere Muster auf Seite 67. Die Strickschrift gibt eine Noppe, die in beliebiger Anordnung dem obenauf rechts gestrickten Muster einzustricken ist. In den nichtgegebenen Rückreihen Linksmaschen stricken. 1.–6. Reihe wiederholen.

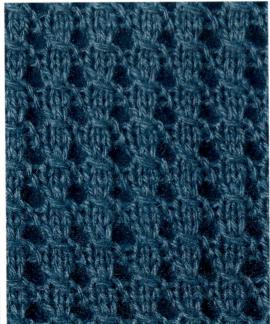

Den Mustersatz innerhalb der starken Linien wiederholen, außerhalb Randmaschen. In den Rückreihen Linksmaschen stricken. 1. und 2. Reihe blau. 3.–6. Reihe meliert. 1.–6. Reihe wiederholen.

Den Mustersatz innerhalb der starken Linien wiederholen, außerhalb Randmaschen. In den Rückreihen Linksmaschen stricken. 1.–4. Reihe wiederholen.

Noppen- und Schlingenmuster

In den Rückreihen Linksmaschen stricken. 1.–6. Reihe wiederholen.

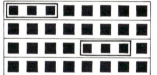

In den Rückreihen Linksmaschen stricken. 1. und 2., 5. und 6. Reihe meliert, 3. und 4., 7. und 8. Reihe blau. 1.–8. Reihe wiederholen.

Noppen- und Schlingenmuster

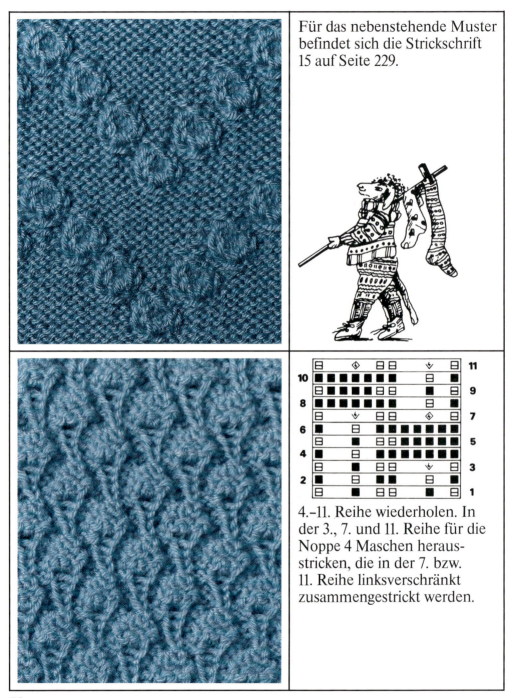

Für das nebenstehende Muster befindet sich die Strickschrift 15 auf Seite 229.

4.–11. Reihe wiederholen. In der 3., 7. und 11. Reihe für die Noppe 4 Maschen herausstricken, die in der 7. bzw. 11. Reihe linksverschränkt zusammengestrickt werden.

Noppen- und Schlingenmuster

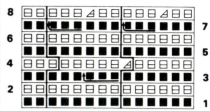

1.-8. Reihe wiederholen. Der Mustersatz innerhalb der starken Linien ist zu wiederholen, die Maschen außerhalb sind Randmaschen.

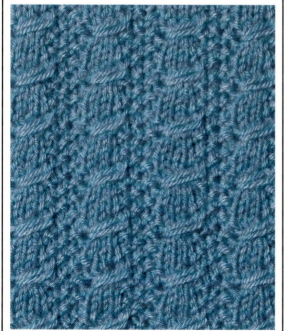

Der Mustersatz bis zur starken Linie ist zu wiederholen, die Maschen außerhalb der starken Linie sind Randmaschen. 1.-6. Reihe wiederholen.

Die Strickschriften 16–20 für diese Muster befinden sich auf den Seiten 229 bis 231.

Patentmuster

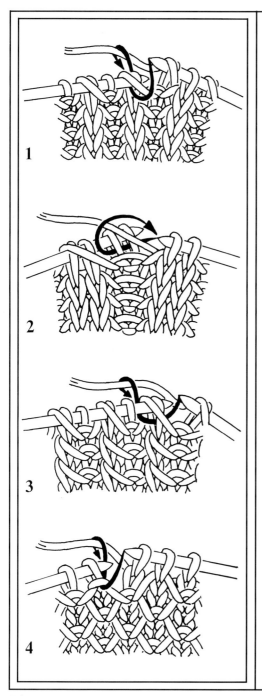

Das einfache Patentmuster gehört zu den bekanntesten Mustern, die vielseitig anwendbar und unkompliziert zu stricken sind. Dieses und noch andere Patentmuster zeigen die Abbildungen auf den folgenden Seiten.

1. Die Arbeitsprobe zeigt das Zusammenstricken von Umschlag und Masche.

2. Das breite Patentmuster über 2 Maschen ist ebenfalls einfach zu stricken. 2 Maschen werden zusammen mit einem Umschlag abgehoben (siehe Pfeil) und die 2 folgenden Maschen nacheinander mit dem Umschlag rechts zusammengestrickt.

3. Für das Plisseepatent werden, wie es die Arbeitsprobe zeigt, Umschlag und Masche rechtsverschränkt zusammengestrickt.

4. Das Netzpatentmuster entsteht durch Tiefstechen, wodurch sich die Masche auflöst, siehe Pfeil.

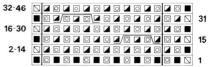

Strickschrift für das Patentmuster mit Verkreuzungen auf der Nebenseite. 1.–46. Reihe wiederholen.

Patentmuster

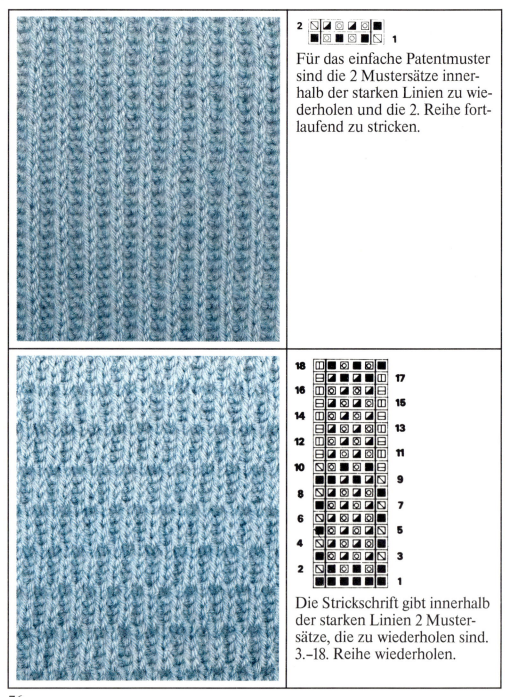

Für das einfache Patentmuster sind die 2 Mustersätze innerhalb der starken Linien zu wiederholen und die 2. Reihe fortlaufend zu stricken.

Die Strickschrift gibt innerhalb der starken Linien 2 Mustersätze, die zu wiederholen sind. 3.-18. Reihe wiederholen.

Patentmuster

Die 4.-18. Reihe wie 2. und 3. Reihe und die 22.-36. Reihe wie 20. und 21. Reihe.
1.-36. Reihe wiederholen.

Die Strickschrift gibt innerhalb der starken Linien 3 Mustersätze, die zu wiederholen sind.
2. und 3. Reihe wiederholen.
(Plisseepatent)

Patentmuster

Patentmuster

Die Strickschrift für das einfache blaue Patentmuster befindet sich auf Seite 76 oben.

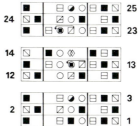

Blaues Schrägpatent.
1.–6. Reihe wiederholen.

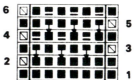

Rotes Zickzackpatent.
4.–11. Reihe: wie 2. und 3. Reihe. 15.–22. Reihe: wie 13. und 14. Reihe. 26.–33. Reihe: wie 24. und 25. Reihe. 12.–33. Reihe wiederholen.

Blaues Netzpatent. Die Strickschrift gibt innerhalb der starken Linien 3 Mustersätze. 3.–6. Reihe wiederholen.

Fortsetzung Seite 80.

Patentmuster

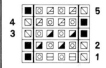

Zweifarbiges Patentmuster.
1. Reihe (Hinreihe): weiß.
2. Reihe (Hinreihe): blau.
3. Reihe (Rückreihe): weiß.
4. Reihe (Rückreihe): blau.
5. Reihe (Hinreihe): weiß. Das Muster bekommt eine weiße und eine blaue Seite.
2.–5. Reihe wiederholen.

Blaues Halbpatentmuster. Die Strickschrift gibt 2 Mustersätze. 1. und 2. Reihe wiederholen. Muster unten Mitte.

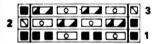

Blaues breites Patentmuster.
Die Strickschrift gibt 2 Mustersätze. 2. und 3. Reihe wiederholen. Muster links außen.

Gelb-weißes Streifenmuster. Man strickt abwechselnd 6 Reihen weiß im Rippenmuster (Seite 15 oben) und 12 Reihen gelb im Patentmuster (Seite 76 oben).

Die Strickschrift 21 für das weiße Patentmuster mit Verkreuzungen auf Seite 231.

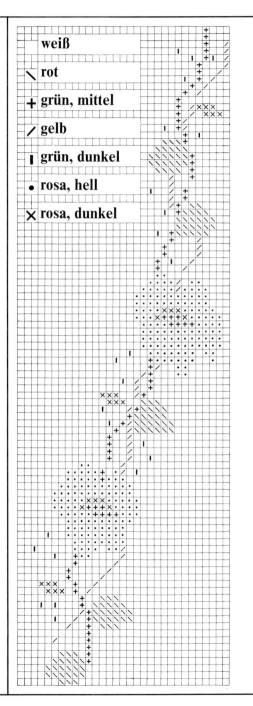

weiß
\ rot
+ grün, mittel
/ gelb
| grün, dunkel
• rosa, hell
× rosa, dunkel

Gestickt auf Strickgrund

Glatte gestrickte Flächen eignen sich gut zum Besticken mit verschiedenartigen Stichen, z. B. Strickstich, Kettenstich, Spannstich, aber auch mit Kreuzstich, Stielstich oder Steppstich.

1. Der Strickstich wird der Rechtsmasche nachgehend nach einem Zählmuster gestickt. Für einen Strickstich kommt man mit der Nadel unterhalb der Masche heraus, nimmt sie von rechts nach links auf die Nadel und kehrt in den Ausgangspunkt zurück. In Reihen stickt man von rechts nach links.
2. Muster, die der Smokstickerei ähnlich sind, erreicht man mit diesem Stich, siehe das obere Muster auf Seite 87. Zwei Rechtsmaschen, die durch 3 Linksmaschen getrennt sind, werden mit 2 oder 3 Spannstichen zusammengezogen. In Reihen, versetzt gestickt, ergeben sich viele Möglichkeiten für Passen oder Bündchen an Pullovern.
3. Der Kettenstich wird von oben nach unten gestickt und eignet sich für Linienmuster, siehe das untere Muster auf Seite 87. Mit einem Kettenstich werden 1 oder 2 Strickmaschen überstickt.
4. Der Spannstich, über 2 oder 3 Maschen gestickt, ergibt viereckige Musterformen, die beliebig angeordnet werden können, siehe das obere Muster auf Seite 86.

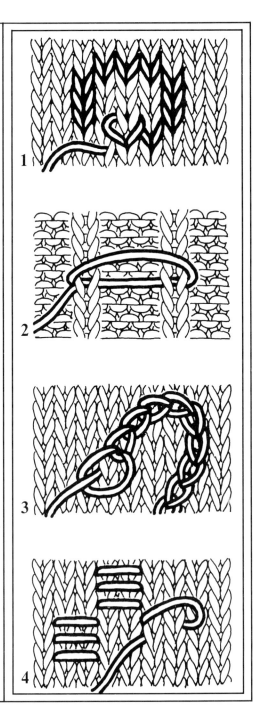

Gestickt auf Strickgrund

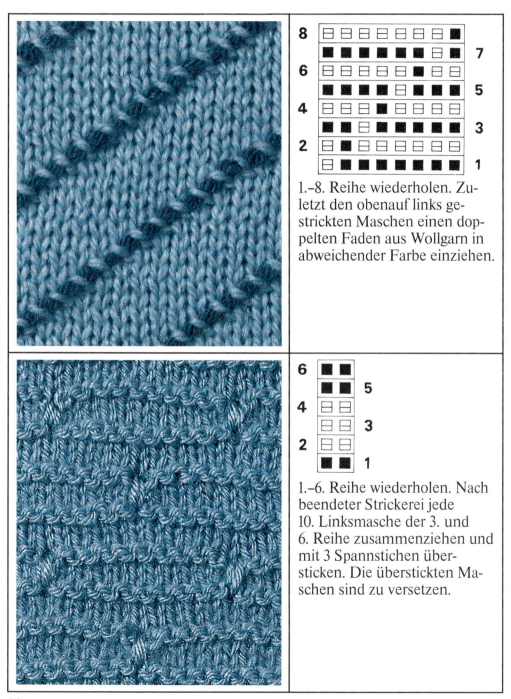

1.–8. Reihe wiederholen. Zuletzt den obenauf links gestrickten Maschen einen doppelten Faden aus Wollgarn in abweichender Farbe einziehen.

1.–6. Reihe wiederholen. Nach beendeter Strickerei jede 10. Linksmasche der 3. und 6. Reihe zusammenziehen und mit 3 Spannstichen übersticken. Die überstickten Maschen sind zu versetzen.

Gestickt auf Strickgrund

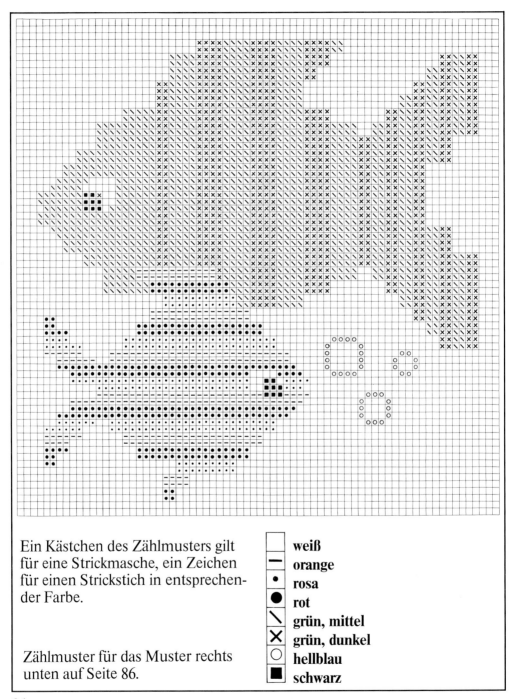

Ein Kästchen des Zählmusters gilt für eine Strickmasche, ein Zeichen für einen Strickstich in entsprechender Farbe.

Zählmuster für das Muster rechts unten auf Seite 86.

☐	weiß
—	orange
·	rosa
●	rot
\	grün, mittel
×	grün, dunkel
○	hellblau
■	schwarz

Gestickt auf Strickgrund

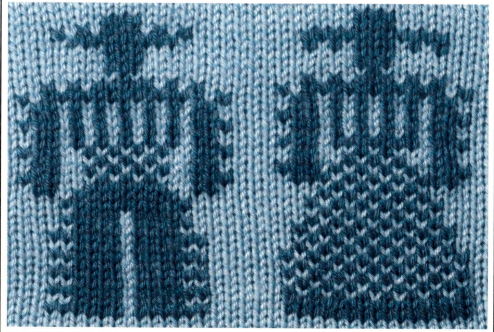

Gestickt auf Strickgrund

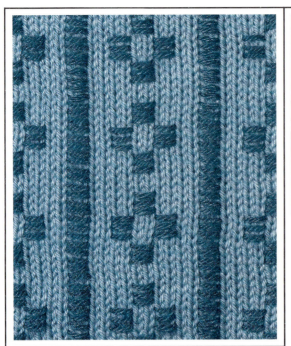

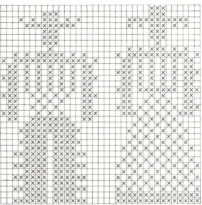

Ein Kästchen des Zählmusters gilt für eine Strickmasche, ein Kästchen mit einem Kreuz für einen blauen Strickstich.

Die Stickerei nach der Arbeitsprobe 4 auf Seite 82 ausführen.

Das Muster obenauf rechts wie folgt stricken: 4 Reihen blau, 1 Reihe hellblau, 1 Reihe blau, 1 Reihe hellblau, 1 Reihe blau, 2 Reihen hellblau, 2 Reihen blau, 4 Reihen hellblau, 1 Reihe blau, 1 Reihe hellblau, 1 Reihe blau, 1 Reihe hellblau, 2 Reihen blau, 2 Reihen hellblau im Wechsel. Die 9. Masche mit einer hellblauen und die 11. Masche mit einer blauen Kettenstichreihe besticken, siehe die Arbeitsprobe auf Seite 82.

Gestickt auf Strickgrund

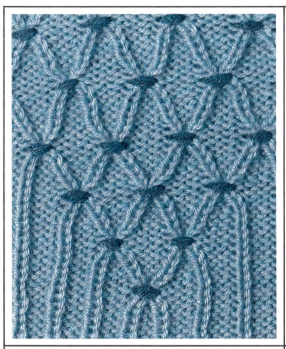

1. und 2. Reihe wiederholen. Nach beendeter Strickerei 2 Rechtsmaschen zusammenziehen und mit 3 Spannstichen in abweichender Farbe übersticken, siehe die Arbeitsprobe 2 auf Seite 82.

Ein beliebiges Irrgartenmuster auf Seidenpapier zeichnen. Das Papier dem obenauf rechts gestrickten Maschengrund aufheften und durch Papier und Strickerei Kettenstiche sticken, siehe die Arbeitsprobe auf Seite 82. Zuletzt das Papier entfernen. Man kann das Muster auch auf die Strickerei zeichnen oder mit kleinen Heftstichen markieren.

Gestickt auf Strickgrund

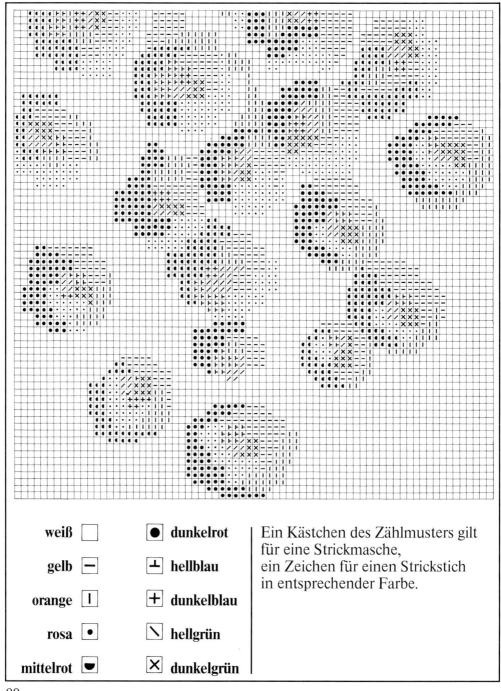

weiß	☐	dunkelrot	●
gelb	−	hellblau	⊥
orange	│	dunkelblau	+
rosa	·	hellgrün	╲
mittelrot	▼	dunkelgrün	×

Ein Kästchen des Zählmusters gilt für eine Strickmasche, ein Zeichen für einen Strickstich in entsprechender Farbe.

Gestickt auf Strickgrund

Pfauenschweifmuster

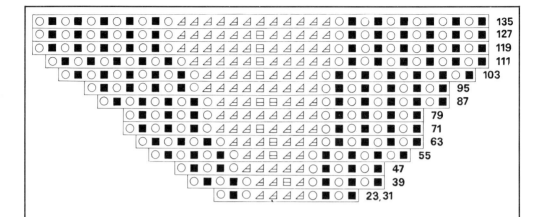

Das Pfauenschweifmuster ist ein bekanntes Muster, das die Struktur durch Umschläge und Zusammenstricken von Maschen erhält. Dadurch entsteht ein gebogter Rand. Für nebenstehendes Cape (70 cm Körperhöhe) wurde das Pfauenschweifmuster der runden Capeform entsprechend angepaßt. Man beginnt am oberen Rand des 44 cm weiten Halsbündchens (112 Maschen) und strickt 6 Runden im Streifenmuster: 1 Masche rechts, 1 Masche links im Wechsel. Die 3. Runde ist eine Lochrunde: 1 Masche rechts, 1 Umschlag, 2 Maschen rechts zusammenstricken, 1 Masche links im Wechsel. Anschließend strickt man 22 Rechtsrunden und nimmt Maschen zu. Dafür in der 7., 11., 15. und 19. Runde gleichmäßig verteilt je an 16 Stellen 1 Masche aus dem Verbindungsfaden rechtsverschränkt stricken. Dann folgt das Pfauenschweifmuster: 1 Runde nach obenstehender Strickschrift und 7 Rechtsrunden im Wechsel. Den gegebenen Mustersatz 16mal in der Runde stricken. Nach der 135. Runde (36 cm Länge) als Abschluß 1 Runde links, 1 Runde rechts und 1 Runde links stricken. Durch die Lochrunde eine etwa 80 cm lange gedrehte Schnur ziehen. Das 20 zu 32 cm große Kapuzenteil (Bruch hintere Mitte) beginnt man am vorderen Rand (48 Maschen) und strickt in hin- und hergehenden Reihen stets rechts (Rippenmuster). Die obere Naht schließen und aus den vorderen Anschlagmaschen bzw. abgeketteten Maschen von links neue Maschen herausholen. Den 3 cm breiten Aufschlag im Rippenmuster anstricken und die Kapuze dem Halsbündchen annähen.

Die Strickschrift gibt einen Mustersatz in der Breite, der für das Cape 16mal in der Runde zu arbeiten ist. Die Reihen sind von der Reihenzahl aus abzulesen.

Pfauenschweifmuster

Pfauenschweifmuster

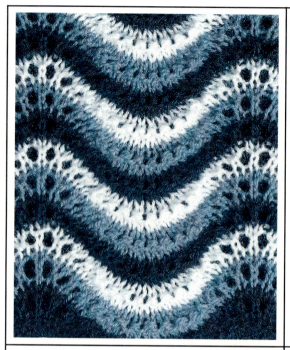

Rückreihen links, 1.–4. Reihe wiederholen, abwechselnd je 4 Reihen dunkelblau, hellblau und weiß.

Rückreihen links. 1.–4. Reihe wiederholen.

Pfauenschweifmuster

Die Strickschrift 22 befindet sich auf Seite 232.

In den Rückreihen Rechtsmaschen rechts, Linksmaschen und Umschläge links stricken. 1.-16. Reihe wiederholen. Es ist zu beachten, daß 4 Maschen vor dem ersten Umschlag rechts zusammengestrickt und 4 Maschen nach dem letzten Umschlag rechtsverschränkt zusammengestrickt werden.

Durchbruchmuster

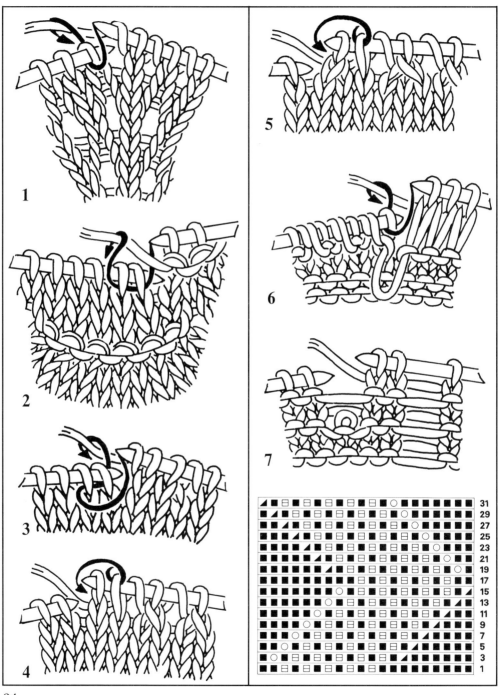

Durchbruchmuster

Durchbruchmuster oder Spitzenmuster finden viele Anwendungsmöglichkeiten. Mustergemäß wechseln Umschläge mit rechts oder links zusammengestrickten Maschen ab.

1. Die Arbeitsprobe zeigt einen Umschlag. Der Faden wird von vorn nach hinten über die Nadel gelegt.
2. Beim Linkszusammenstricken von 2 Maschen legt man den Faden vor die Maschen auf der linken Nadel und holt in Pfeilrichtung den Faden durch 2 Maschen.
3. Die Arbeitsprobe zeigt 1 Umschlag und 2 Maschen rechts zusammenstricken.
4. Die Arbeitsprobe zeigt 1 Umschlag und 2 Maschen überzogen zusammenstricken, d. h. 1 Masche abheben, 1 Masche rechts stricken und die abgehobene Masche überziehen.
5. Werden 3 Maschen überzogen zusammengestrickt, hebt man die erste Masche ab, strickt 2 Maschen rechts zusammen und zieht die abgehobene Masche darüber.
6. Lange Maschen entstehen, wenn man die Umschläge fallenläßt, bevor man die Masche abstrickt.
7. Läßt man die Masche fallen, die in der 1. Reihe als Umschlag gebildet wurde, entsteht eine Hohlleiter.

Für das Muster Strickschrift auf Seite 94 und die Beschreibung dazu auf Seite 96.

Durchbruchmuster

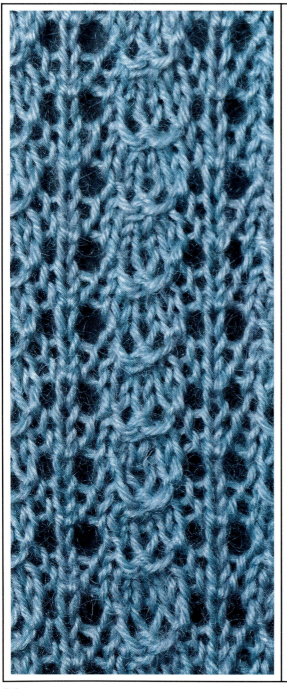

Beschreibung für die Strickschrift auf Seite 94.

Die Strickschrift gibt in der Breite den ganzen Musterstreifen, beiderseitig ist obenauf rechts zu stricken, d. h. Hinreihen rechts, Rückreihen links. In den nicht gegebenen Rückreihen sind die Rechtsmaschen rechts, Linksmaschen und Umschläge links zu stricken. 1.–32. Reihe wiederholen.

Die Rückreihen links stricken. 1.–4. Reihe wiederholen.

Durchbruchmuster

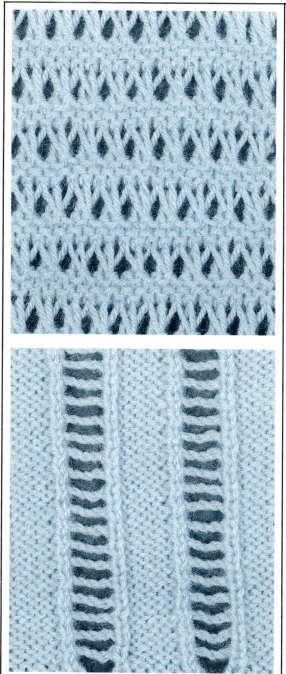

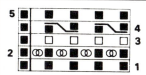

Die Strickschrift gibt 2 Mustersätze. 1.–5. Reihe wiederholen.

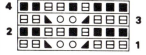

3. und 4. Reihe wiederholen.

Durchbruchmuster

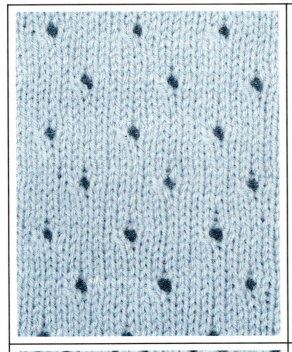

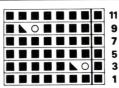

In den Rückreihen Maschen und Umschläge links stricken.
1. bis 12. Reihe wiederholen.

In den Rückreihen Maschen und Umschläge links stricken.
3. bis 6. Reihe wiederholen.

Durchbruchmuster

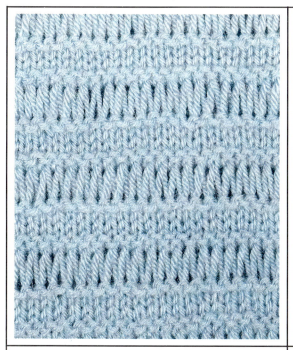

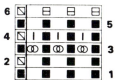

Die Strickschrift gibt 3 Mustersätze. 1.–6. Reihe wiederholen.

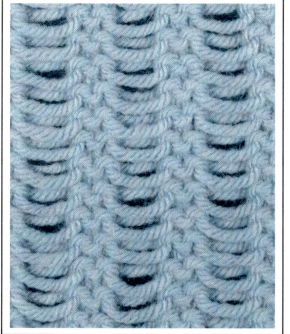

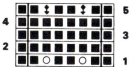

Die 4. Reihe fortlaufend arbeiten und vor dem Abketten die 5. Reihe stricken.

Durchbruchmuster

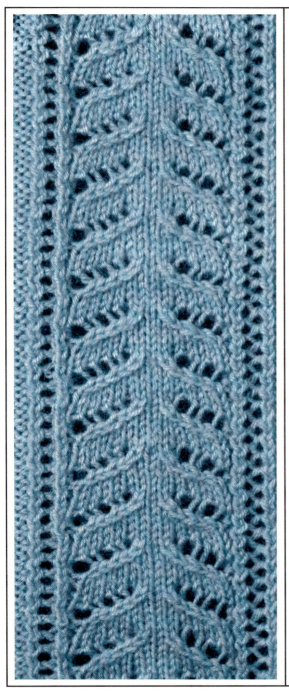

Die Strickschrift 23 für das linke Muster befindet sich auf Seite 232.

Rechte Seite:

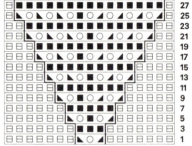

Durchbrochenes Spitzenmuster
Außerhalb der starken Linien sind beliebig viele Maschen obenauf links zu stricken. In den Rückreihen Rechtsmaschen rechts, Linksmaschen, Umschläge und zusammengestrickte Maschen links stricken. 21.–28. Reihe wiederholen, dabei die Spitze verbreitern.

Blaues Wellenmuster
Rückreihen rechts stricken, dabei die Umschläge fallen lassen, die Maschen lang ziehen. 1.–8. Reihe wiederholen.

Die Strickschrift 24 für das diagonale Streifenmuster befindet sich auf Seite 232.

Die Strickschrift für das breite Streifenmuster siehe Seite 102.

Durchbruchmuster

Durchbruchmuster

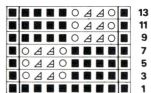

**Breites Streifenmuster
(Seite 101)**
In den Rückreihen Rechtsmaschen rechts, Linksmaschen und Umschläge links stricken.
1.–12. Reihe wiederholen.

In den Rückreihen Maschen und Umschläge links stricken.
3.–14. Reihe wiederholen.

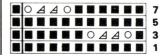

In den Rückreihen Maschen und Umschläge links stricken.
1.–8. Reihe wiederholen.

Durchbruchmuster

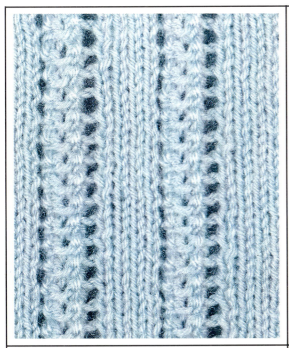

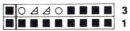

In den Rückreihen Maschen und Umschläge links stricken. 3. und 4. Reihe wiederholen.

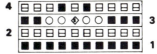

1.–4. Reihe wiederholen. In der 3. Reihe sind 5 Maschen rechtsverschränkt zusammenzustricken.

Durchbruchmuster

Durchbruchmuster

Strickschrift 25 für das weiße Pfauenschweifmuster und Strickschrift 26 für das große Karomuster befinden sich auf Seite 233.

Blaues Durchbruchmuster
In den Rückreihen Maschen und Umschläge links stricken.
1.–4. Reihe wiederholen.

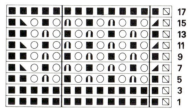

Weißes durchbrochenes Querstreifenmuster
In den Rückreihen Maschen und Umschläge links stricken.
1.– 18. Reihe wiederholen.

Durchbruchmuster

In den Rückreihen Maschen und Umschläge links stricken. Das Motiv ist mit der 40. Reihe beendet und kann übereinander, nebeneinander oder versetzt dem obenauf rechts gestrickten Maschengrund eingestrickt werden.

Durchbruchmuster

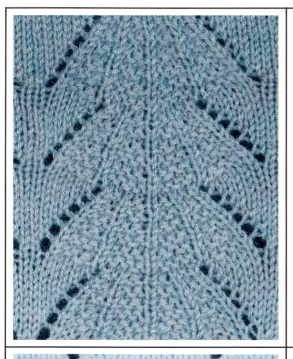

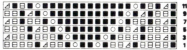

In den Rückreihen Maschen und Umschläge links stricken.
1.-12. Reihe wiederholen.

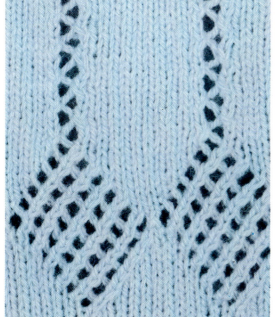

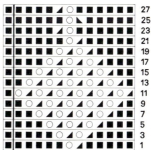

In den Rückreihen Maschen und Umschläge links stricken.
25.-28. Reihe beliebig oft wiederholen.

Durchbruchmuster

Strickschrift 27 für das linke Muster auf Seite 234.

In den Rückreihen Maschen und Umschläge links stricken. 1.–16. Reihe wiederholen.

Durchbruchmuster

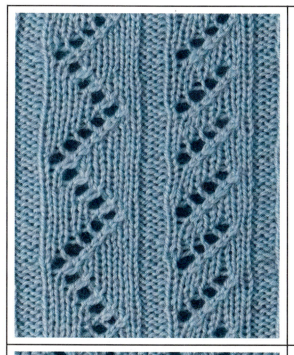

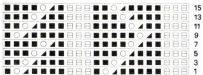

In den Rückreihen Rechtsmaschen rechts, Linksmaschen und Umschläge links stricken.
1.-16. Reihe wiederholen.

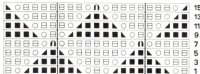

In den Rückreihen Rechtsmaschen rechts, Linksmaschen und Umschläge links stricken.
1.-16. Reihe wiederholen.

Durchbruchmuster

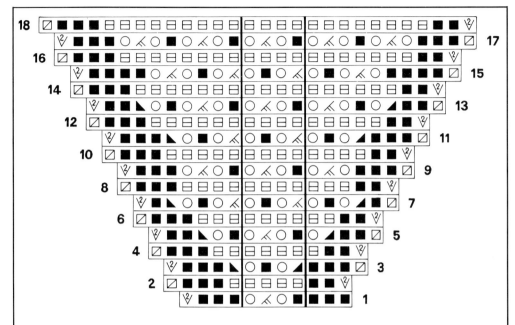

Die Dreiecktücher auf der Nebenseite können in beliebiger Größe gearbeitet werden. Die Tücher werden an der Spitze begonnen und erhalten die Dreieckform durch Zunehmen von Maschen am Ende der Reihe nach der Strickschrift.

Das beigefarbene Tuch beginnt man mit 11 Maschen und strickt in hin- und hergehenden Reihen nach der Strickschrift oben. Nach der 18. Reihe ist wieder mit der 11. Reihe zu beginnen, nur der Mustersatz innerhalb der starken Linien ist entsprechend oft zu wiederholen.

Das hellrosafarbene Tuch beginnt man mit 3 Maschen und strickt in hin- und hergehenden Reihen nach der Strickschrift 28 auf Seite 234. In den nichtgegebenen Rückreihen (bis 14. Reihe) Rechtsmaschen stricken, und aus der letzten Masche sind 2 Maschen zu stricken, und zwar 1 Masche rechtsverschränkt und 1 Masche rechts. Nach der 42. Reihe wieder mit der 15. Reihe beginnen, nur verbreitert sich das Muster.

Das dunkelrosafarbene Tuch beginnt man an der Spitze mit 3 Maschen und strickt in hin- und hergehenden Reihen nach der Strickschrift 29 auf Seite 235. In den Rückreihen sind Rechtsmaschen zu stricken, nur aus den Doppelumschlägen ist 1 Masche rechts und 1 Masche links zu stricken. Aus der letzten Masche 1 Masche rechtsverschränkt und 1 Masche rechts stricken. Nach der 62. Reihe ist wieder mit der 31. Reihe zu beginnen, nur verbreitert sich das Muster.

Durchbruchmuster

Durchbruchmuster

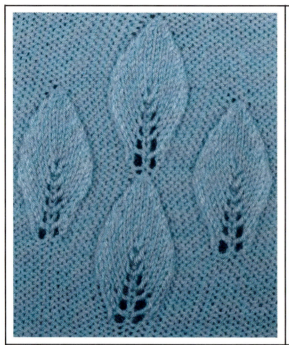

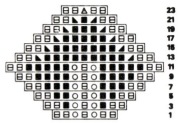

Die Strickschrift gibt ein Blatt, das einem obenauf links gestrickten Maschengrund eingearbeitet wird. In den Rückreihen Rechtsmaschen rechts, Linksmaschen und Umschläge links stricken.

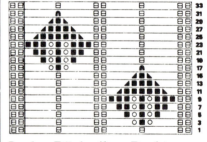

In den Rückreihen Rechtsmaschen und die aus 3 zusammengestrickten Maschen entstandene Masche rechts, Linksmaschen und Umschläge links stricken. Außerhalb der starken Linie sind Randmaschen gegeben.

Durchbruchmuster

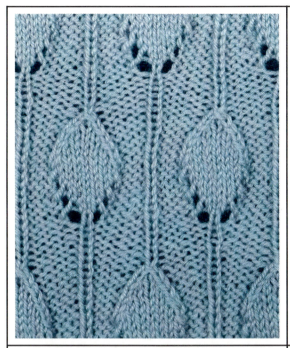

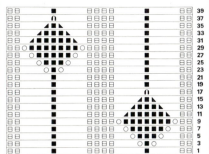

In den Rückreihen Rechtsmaschen rechts, Linksmaschen und Umschläge links stricken. 1.–40. Reihe wiederholen.

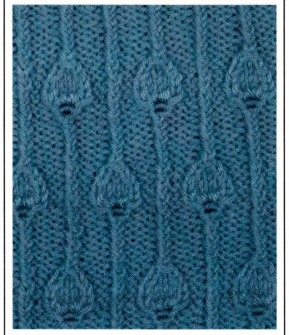

In den Rückreihen Rechtsmaschen rechts, Linksmaschen links stricken. In der 7. und 21. Reihe sind aus 1 Masche 5 Maschen zu stricken, die in der folgenden Reihe links gestrickt werden. Die in den Hinreihen rechtsverschränkt gestrickten Maschen linksverschränkt stricken. 1.–28. Reihe wiederholen.

Durchbruchmuster

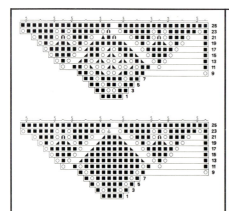

Diese 4 Quadrate können in beliebiger Anordnung als Tuch oder Decke zusammengehäkelt werden. Jedes Quadrat beginnt man in der Mitte mit 16 Maschen und strickt die dichten Quadrate in Runden nach folgender Beschreibung und die durchbrochenen Quadrate nach den Strickschriften oben. Zur Bildung der quadratischen Form nimmt man in jeder 2. Runde an 8 Stellen, von denen je 2 dicht nebeneinander liegen, Maschen zu. Das Quadrat **links oben** zeigt die Maschen noch auf 4 Stricknadeln während der Arbeit. Man beginnt mit 16 Maschen und strickt die 1. Runde rechts. 2. Runde: 4mal im Wechsel 1 Masche rechts, 1 Umschlag, 2 Maschen rechts, 1 Umschlag und 1 Masche rechts.
3. Runde: rechts. 4. Runde: 4mal im Wechsel 1 Masche

Durchbruchmuster

rechts, 1 Umschlag, 4 Maschen rechts, 1 Umschlag und 1 Masche rechts. Die 3. und 4. Reihe wiederholen, dabei vergrößert sich die Maschenanzahl. Das Quadrat **rechts unten** ist sehr ähnlich, nur werden statt der Umschläge Maschen herausgestrickt. Dafür strickt man den Verbindungsfaden rechtsverschränkt ab. Zur Erreichung des Rippenmusters zwischen den Zunehmestellen werden diese Maschen in jeder 2. Runde links gestrickt. Die beiden **durchbrochenen** Quadrate strickt man nach den Strickschriften auf Seite 114 (obere Strickschrift für S. 114 unten, untere Strickschrift für S. 115 oben). Man beginnt in der Mitte mit 16 Maschen und strickt den gegebenen Mustersatz 4mal in der Runde. Die nicht gegebenen Runden rechts stricken. Aus den Doppelumschlägen strickt man 1 Masche rechts und 1 Masche links. Nach der 26. Runde werden die Maschen abgehäkelt, indem man abwechselnd einmal 5 und einmal 3 Maschen mit einer festen Masche zusammenfaßt und 5 Luftmaschen häkelt. Die Maschen der dichten Quadrate so wie die Maschen der durchbrochenen Quadrate abhäkeln.

Durchbruchmuster

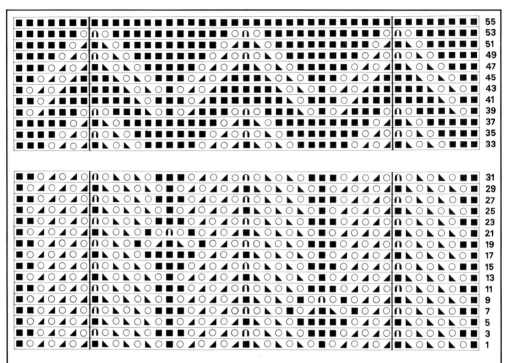

Strickschrift für das Muster auf der Nebenseite. In den Rückreihen Linksmaschen stricken. Den Mustersatz innerhalb der starken Linien wiederholen. Die Maschen außerhalb sind Randmaschen, die nur am Anfang und Ende der Reihe zu stricken sind.
1.–32. Reihe beliebig oft wiederholen.
Als Abschluß die 33.–56. Reihe stricken.

Durchbruchmuster

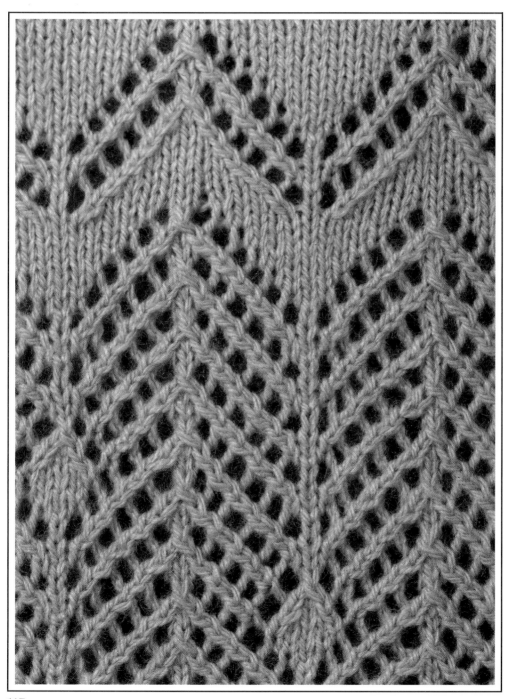

Durchbruchmuster

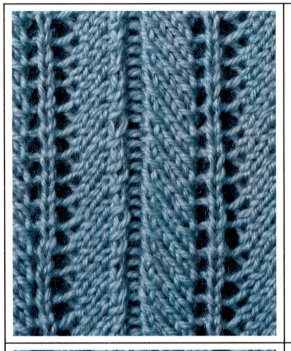

1. und 2. Reihe wiederholen.

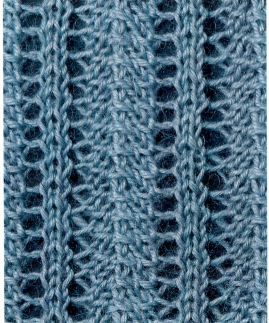

Rückreihe links. 1. und 2. Reihe wiederholen.

Durchbruchmuster

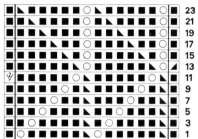

Die Strickschrift gibt innerhalb der starken Linien 2 Mustersätze, die zu wiederholen sind. In den Rückreihen Linksmaschen stricken. 1.–24. Reihe wiederholen.

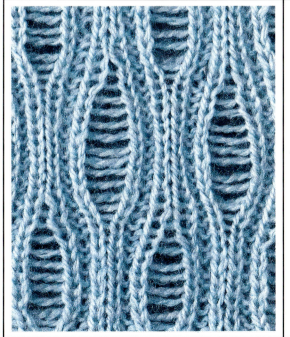

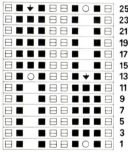

In den Rückreihen Rechtsmaschen rechts, Linksmaschen und Umschläge links stricken. 3.–26. Reihe wiederholen.

Durchbruchmuster

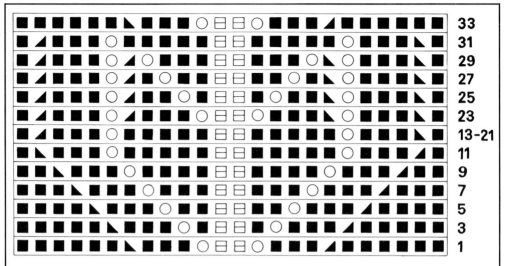

Die Strickschrift gibt die ganze Breite des Musterstreifens, beiderseitig obenauf rechts stricken, d. h. Hinreihen rechts, Rückreihen links. In den Rückreihen Rechtsmaschen rechts, Linksmaschen und Umschläge links stricken. 3.-34. Reihe wiederholen.

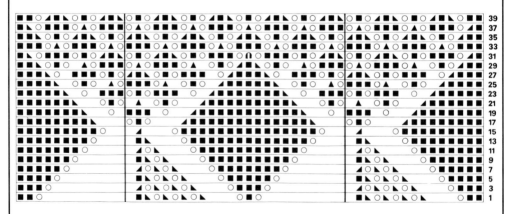

Strickschrift für die weiße Passe auf Seite 123.
Beschreibung auf Seite 122.

Durchbruchmuster

Durchbruchmuster

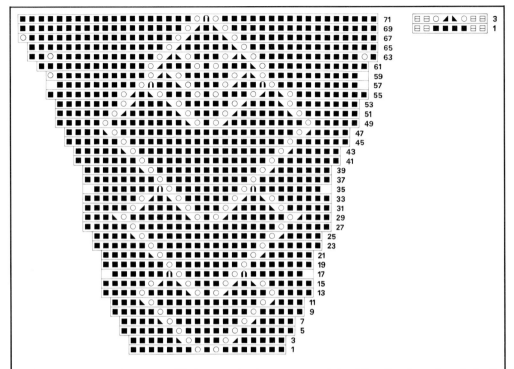

Die Passen werden vom Halsausschnitt aus gestrickt. Vor Beginn der Arbeit eine Probe stricken und die Maschenanzahl dem Halsausschnitt (kleines Rund) und unteren Passenrand (großes Rund) entsprechend berechnen.

Die breite blaue Passe nach der Strickschrift oben stricken. Die Strickschrift gibt einen Mustersatz, der entsprechend oft zu arbeiten ist. Die Rückreihen links stricken. Nach beendeter Passe kann obenauf rechts oder in einem beliebigen Durchbruchmuster weiter gearbeitet werden.

Die weiße Passe nach der Strickschrift auf Seite 120 arbeiten. Innerhalb der starken Linien ist ein Mustersatz gegeben, der beliebig oft zu wiederholen ist, die Maschen außerhalb sind Randmaschen. Die Rückreihen sind links zu stricken.

Die hellblaue Passe nach der Strickschrift rechts oben stricken. In den Rückreihen Rechtsmaschen rechts, Linksmaschen, Umschläge und zusammengestrickte Maschen links stricken. Die 1.–4. Reihe wiederholen, und für die Passenform vor und nach den Rechtsmaschen aus dem Verbindungsfaden 1 Masche rechtsverschränkt stricken. Dadurch entsteht die runde Passenform. Die zugenommenen Maschen obenauf links stricken.

Durchbruchmuster

Drei gestrickte Spitzen

Drei gestrickte Spitzen

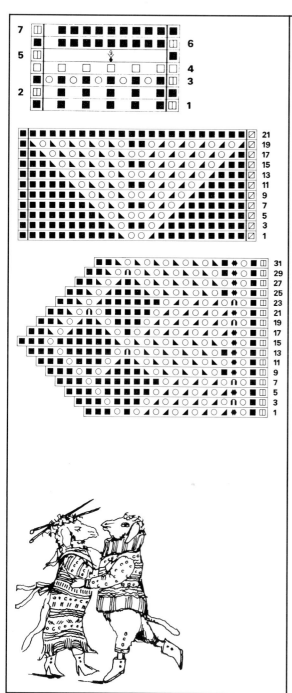

Die Spitzen auf der Nebenseite geben verschiedene Anwendungsmöglichkeiten für Pullover, aber auch als Randabschlüsse für Decken. Die rosafarbene Spitze ist für starke Wolle geeignet. Durch Zusammenstricken von Maschen entstehen die Bogen. Das Muster für die weiße Spitze eignet sich auch als Flächenmuster, wenn die 1.–22. Reihe wiederholt wird. Man beginnt die Spitze an einer Längsseite, strickt sie einzeln oder als Abschluß eines Pulloverteils. Die blaue Spitze eignet sich für feines Wollgarn.

Rosafarbene Spitze
Die Spitze an einer Längsseite beginnen. Nach der 7. Reihe mit Rechtsmaschen abketten.

Weiße Spitze
Die Spitze an ein obenauf rechts, obenauf links oder im Rippenmuster gestricktes Teil anstricken. Rückreihen links, aus dem Doppelumschlag 1 Masche links und 1 Masche rechts stricken. In der 22. Reihe (Rückreihe) mit Rechtsmaschen abketten.

Blaue Spitze
An einer Schmalseite beginnen (18 Maschen). Die Strickschrift gibt die ganze Breite der Spitze. Rückreihen rechts. 1.–32. Reihe wiederholen.

Dreiecktücher

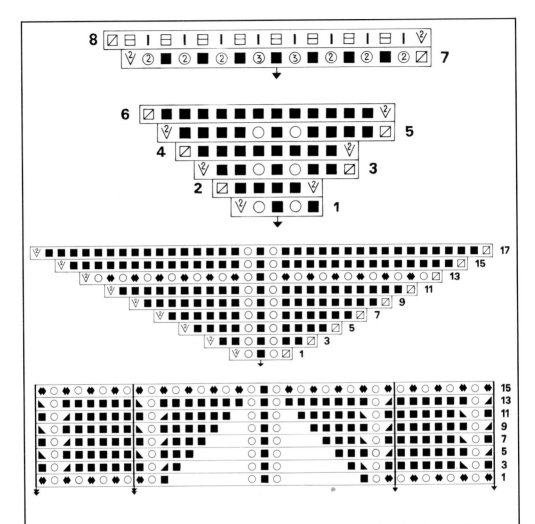

Die 3 oberen Tücher (S. 127) werden in der Mitte der langen Seite begonnen. Durch das Zunehmen von Maschen am Anfang und Ende der Reihe sowie in der Mitte entsteht die Dreieckform. Die Größe ist beliebig. Das untere Tuch beginnt man mit der Randspitze und arbeitet diese mit dem Innenteil des Tuches im Zusammenhang.

Das mittelblaue Dreiecktuch oben beginnt man mit 3 Maschen und strickt in hin- und hergehenden Reihen nach der Strickschrift auf dieser Seite oben. Der Pfeil bezeichnet die Mittelmasche. Die 5. und 6. Reihe ist zu wiederholen, dabei vergrößert sich die Maschenanzahl. In beliebigen Abständen die 7. und 8. Reihe stricken (Durchbruch-

Dreiecktücher

Dreiecktücher

kante). Zum Abschluß des Tuches in den letzten 4 Hinreihen anstatt der Umschläge beiderseits der Mittelmasche 1 Masche rechtsverschränkt aus dem Verbindungsfaden stricken. Zuletzt die Maschen mit der Häkelnadel abketten und nach jeder 10. Masche 5 Reihen tief einstechen, 1 Schlinge holen, festziehen, und diese Schlinge mit der folgenden Masche abketten.

Das dreifarbige Dreiecktuch beginnt man weiß mit 3 Maschen und strickt in hin- und hergehenden Reihen nach der Strickschrift auf Seite 126 Mitte. Die Strickschrift gibt nur die Hinreihen, in den Rückreihen Rechtsmaschen stricken, nur die Umschläge beiderseits der Mittelmasche (Pfeil) rechtsverschränkt. Auch am Ende jeder Rückreihe aus der letzten Masche 2 Maschen stricken. 1.–12. Reihe weiß, 13. und 14. Reihe hellblau, 15.–18. Reihe weiß. Die 13.–18. Reihe wiederholen, dabei vergrößert sich die Maschenanzahl. Die 13. und 14. Reihe ist 3mal hellblau und 3mal rosafarben im Wechsel zu arbeiten.

Das hellblaue Tuch beginnt man mit 3 Maschen und strickt zunächst nach der oberen Strickschrift auf Seite 126. Der Pfeil bezeichnet die Mittelmasche. Die 5. und 6. Reihe ist zu wiederholen, dabei vergrößert sich die Maschenanzahl. Als Abschluß des Tuches strickt man die Durchbruchkante nach der unteren Strickschrift auf Seite 126. Man wiederholt zunächst den Mustersatz innerhalb der Pfeile entsprechend oft, arbeitet dann für die Tuchspitze die Mittelmaschen von Pfeil bis Doppelpfeil und dann den Mustersatz innerhalb der Doppelpfeile so oft wie für die 1. Tuchseite. In den Rückreihen Maschen und Umschläge rechts stricken und das Zunehmen am Ende jeder Reihe fortsetzen. Diese Maschen sind stets rechts zu stricken. Nach der 16. Reihe mit Rechtsmaschen abketten.

Das untere mittelblaue Tuch beginnt man an der Spitze mit 3 Maschen und strickt nach der Strickschrift auf Seite 129. In den Rückreihen Maschen und Umschläge rechts stricken, nur von der 30. Reihe an die Maschen innerhalb der starken Linien neben den Mittelmaschen links stricken. Die 29.–60. Reihe wiederholen, dabei beachten, daß sich die Tuchmitte verbreitert (in der 61. Reihe auf 35 Maschen). Nach erreichter, beliebiger Tuchgröße in einer Rückreihe die Maschen abketten.

Dreiecktücher

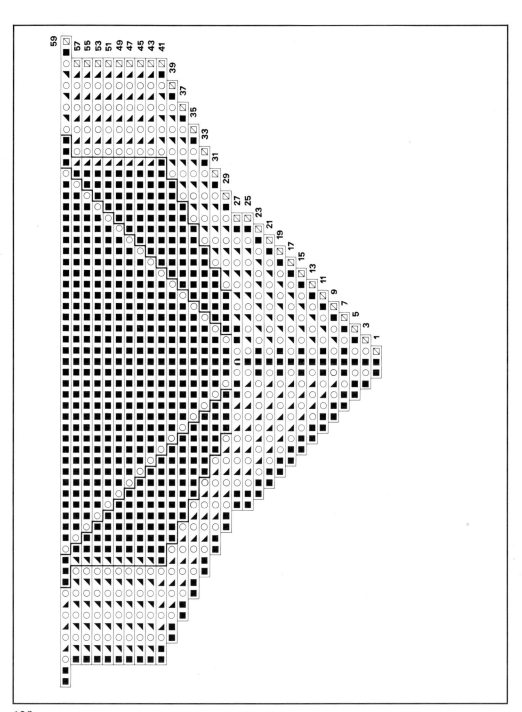

Flächenmuster

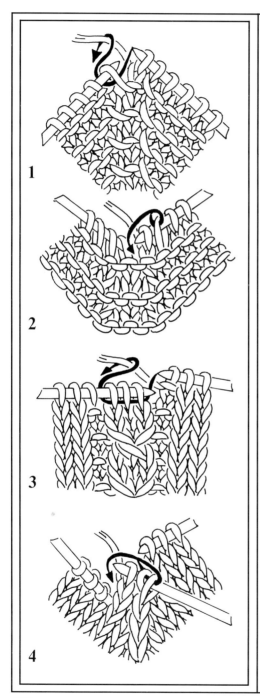

Ein sehr großzügiges Flächenmuster zeigt die Abbildung auf nebenstehender Seite. Dafür ist eine Strickschrift nicht erforderlich. Man strickt in hin- und hergehenden Reihen stets Rechtsmaschen, so daß Rippen entstehen. In beliebigen Abständen (am Muster stets nach 15 Maschen) nimmt man für den schrägen Reihenverlauf und die Zackenbildung in Zackenhöhe Maschen zu, siehe Arbeitsprobe 1, und in Zackentiefe Maschen ab, siehe Arbeitsprobe 2.

1. Die Arbeitsprobe zeigt, wie man in Zackenhöhe nach der Mittelmasche den Verbindungsfaden auf die linke Nadel genommen hat und in Pfeilrichtung rechtsverschränkt abstrickt.
2. In Zackentiefe nimmt man Maschen ab, indem man vor der Mittelmasche 1 Masche abhebt, 1 Masche rechts strickt und die abgehobene Masche überzieht. Die 2 Maschen nach der Mittelmasche strickt man rechts zusammen.
3. Die Arbeitsprobe zeigt, wie man 3 Maschen rechtsverschränkt zusammenstrickt.
4. Mit betonter Mittelmasche strickt man 3 Maschen wie folgt zusammen: 2 Maschen wie zum Rechtsstricken abheben und 1 Masche rechts. Die beiden abgehobenen Maschen in Pfeilrichtung über die Rechtsmasche ziehen, der Deutlichkeit halber auf Hilfsnadel.

Flächenmuster

Flächenmuster

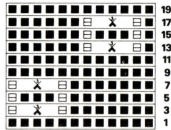

In den Rückreihen Rechtsmaschen rechts, Linksmaschen und Umschläge links stricken.
1.–20. Reihe wiederholen.

In den Rückreihen Rechtsmaschen rechts, Linksmaschen und Umschläge links stricken.
1.–4. Reihe wiederholen.

Flächenmuster

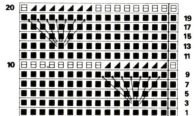

Die nicht gegebenen Rückreihen links stricken. In der 10. und 20. Reihe beachten, daß stets Schlinge mit folgender Masche rechts zusammenzustricken sind. 1.–20. Reihe wiederholen. Außerhalb der starken Linie sind Randmaschen gegeben.

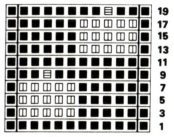

Rückreihen links stricken. In der 9. und 19. Reihe ist zu beachten, daß die 3 querliegenden Fäden beim Abstricken der mittleren Masche mitzufassen sind.

Flächenmuster

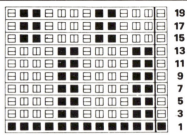

Die Strickschrift gibt
2 Mustersätze.
In den Rückreihen Rechtsmaschen rechts, Linksmaschen und abgehobene Maschen links stricken. 1.–20. Reihe wiederholen.

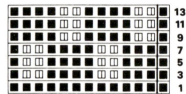

Die Strickschrift gibt
2 Mustersätze.
Rückreihen links stricken.
3.–14. Reihe wiederholen.

Flächenmuster

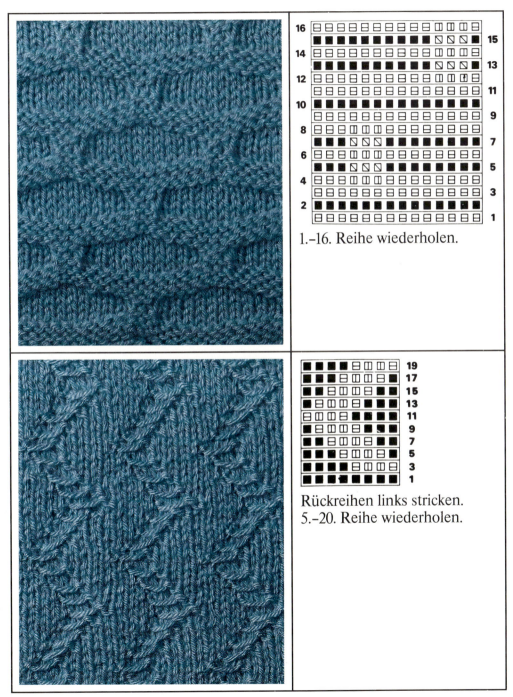

1.–16. Reihe wiederholen.

Rückreihen links stricken.
5.–20. Reihe wiederholen.

Flächenmuster

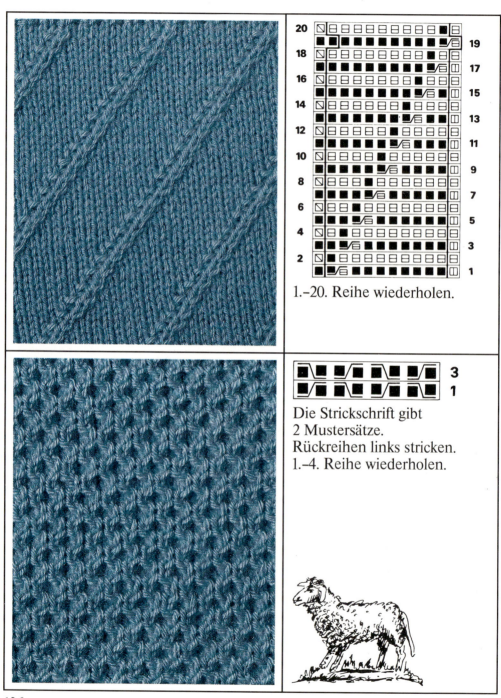

1.–20. Reihe wiederholen.

Die Strickschrift gibt 2 Mustersätze.
Rückreihen links stricken.
1.–4. Reihe wiederholen.

Flächenmuster

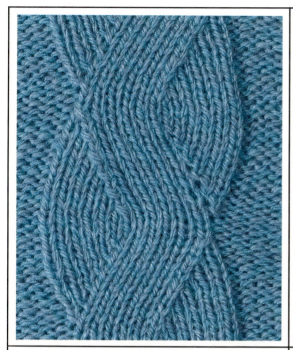

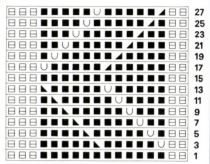

In den Rückreihen Rechtsmaschen rechts, die übrigen Maschen links stricken.
1.–28. Reihe wiederholen.

In den Rückreihen Rechtsmaschen rechts, die übrigen Maschen links stricken.
1.–4. Reihe wiederholen.

Flächenmuster

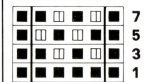

Die Strickschrift gibt
2 Mustersätze.
1.–12. Reihe wiederholen. In der 5. und 11. Reihe werden die Spannfäden mit der Rechtsmasche rechts zusammengestrickt.

Die Strickschrift gibt
2 Mustersätze.
5.–8. Reihe wiederholen.

Flächenmuster

1.–5. Reihe wiederholen.

In den Rückreihen Rechtsmaschen rechts, die übrigen Maschen links stricken.
1.–32. Reihe wiederholen.

Flächenmuster

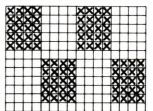

Obenauf rechts mit 2 Farbfäden stricken und den nicht gebrauchten Farbfaden auf der Rückseite weiterführen. Leere Kästchen = hellblau, Kästchen mit Kreuz = mittelblau.

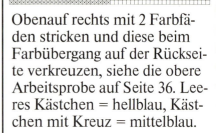

Obenauf rechts mit 2 Farbfäden stricken und diese beim Farbübergang auf der Rückseite verkreuzen, siehe die obere Arbeitsprobe auf Seite 36. Leeres Kästchen = hellblau, Kästchen mit Kreuz = mittelblau.

Flächenmuster

■U■■■■■✕■■■■■U■

Die Strickschrift gibt bis zur starken Linie einen Mustersatz, außerhalb der starken Linie eine Randmasche. Rückreihe links. 1. und 2. Reihe wiederholen. Abwechselnd 8 Reihen hellblau, 2 Reihen dunkelblau, 2 Reihen hellblau und 2 Reihen dunkelblau stricken.

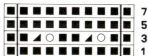

Die Strickschrift gibt innerhalb der starken Linien 2 Mustersätze, die zu wiederholen sind. Rückreihen links. 1.-8. Reihe wiederholen. Durch die Lochreihe (3. Reihe) abwechselnd einen weißen und einen blauen mehrfachen Faden ziehen.

Landschaftsmotiv

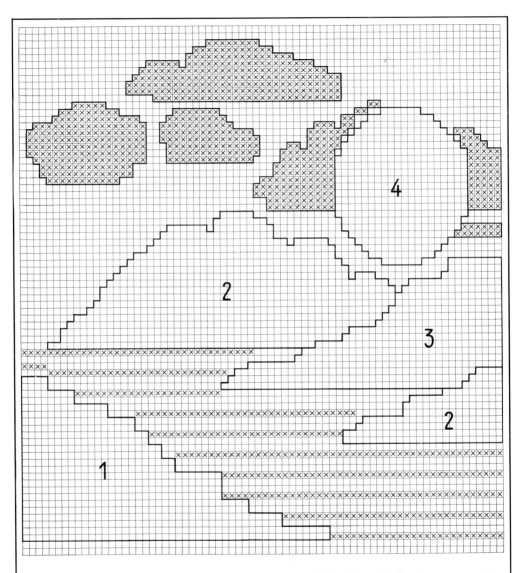

Zählmuster für die gestrickte Landschaft auf der Nebenseite.
Ein Kästchen = eine Strickmasche
Leere Kästchen ohne Zahl = weiß, obenauf rechts
Kästchen mit Kreuz = weiß, obenauf links.

Die Zahlen innerhalb der umrandeten Flächen sind für die entsprechenden Farben maßgebend.
1 = dunkelbraun, obenauf links
2 = hellbraun, obenauf links
3 = mittelbraun, obenauf links
4 = rostbraun, obenauf rechts

Landschaftsmotiv

Landschaften, Stadtsilhouetten, Tiere, Köpfe oder Blumen einzustricken ist sehr beliebt, aber für Anfänger nicht einfach. Durch das Verkreuzen der Farbfäden auf der Rückseite und das Weiterführen der Fäden entstehen auf der Vorderseite der Arbeit lange Maschen. Man zeichnet zunächst den Entwurf auf Kästchenpapier. Mit entsprechend vielen Wollknäulen strickt man die Farbflächen obenauf rechts, obenauf links oder im Perlmuster.

Farbzusammenstellungen

Wer viel strickt, hat auch viele Wollreste, und die sollten zu praktischen Dingen verstrickt werden. Dafür eignen sich sehr unterschiedliche Muster, aber das einfache obenauf rechts Gestrick bietet sich für das Verstricken von Wollresten an. Natürlich auch das Rippenmuster, d. h. hin- und hergehend stets Rechtsmaschen stricken, wie es der Schal auf Seite 21 zeigt. Die Verteilung der Farben und die Berechnung des Materials sind vor Beginn der Arbeit sehr wichtig. Wolle in einer passenden Grundfarbe kann eventuell noch dazu gekauft werden. Eine interessante Wirkung des Gestricks ergibt die Zusammenstellung von unterschiedlichen Wollqualitäten, zweifädig verarbeitete Wolle oder glatte Wolle mit Effektgarnen. Vielleicht ist auch ein nicht mehr tragbarer Pullover vorhanden, der aufgetrennt werden kann. Man wickelt die getrennte Wolle über ein Holzbrett oder um die Stuhllehne, dämpft sie mit einem feuchten Tuch oder zieht sie durch warmes Wasser.
Das Ausprobieren mit bunten Wollfäden macht viel Freude. Die Abbildungen auf diesen Seiten und der Seite 37 sollen Anregungen bei der Zusammenstellung der Farben geben.

Farbzusammenstellungen

Flächenmuster

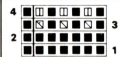

Die Strickschrift gibt 3 Mustersätze. 1.–4. Reihe wiederholen. Die 1. und 2. Reihe dunkelblau, die 3. und 4. Reihe hellblau stricken.

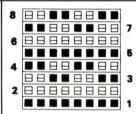

Die Strickschrift gibt 2 Mustersätze. 1.–8. Reihe wiederholen. Die 1. und 2., 5. und 6. Reihe hellblau stricken, die 3. und 4., 7. und 8. Reihe dunkelblau stricken.

Flächenmuster

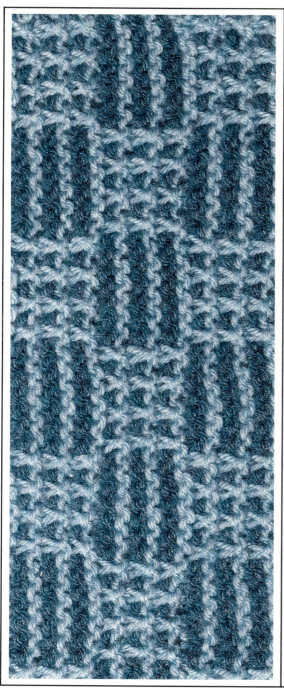

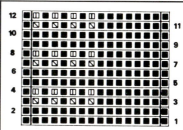

1.–12. Reihe wiederholen, nur in der 3. Reihe das Muster versetzen. Abwechselnd 2 Reihen hellblau und 2 Reihen dunkelblau stricken. Das Teilstück zeigt das Muster gedreht. Dadurch entsteht eine Längsstreifenwirkung.

Flächenmuster

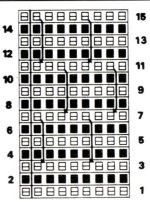

Die Strickschrift gibt 2 Mustersätze. 1.–6. Reihe hellblau, 7.–10. Reihe dunkelblau, 11.–14. Reihe hellblau, 15. Reihe dunkelblau. 8.–15. Reihe wiederholen.

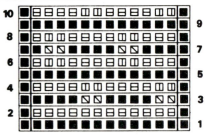

Die Strickschrift gibt 2 Mustersätze. 3.–10. Reihe wiederholen. Abwechselnd 2 Reihen hellblau, dunkelblau und weiß stricken.

Flächenmuster

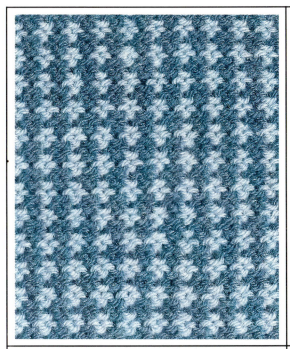

Die Strickschrift gibt 3 Mustersätze. 1.–4. Reihe wiederholen. Abwechselnd 2 Reihen hellblau und 2 Reihen dunkelblau stricken.

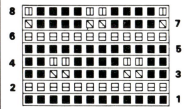

Die Strickschrift gibt 2 Mustersätze. 1.–8. Reihe wiederholen. Die 1. und 2., 5. und 6. Reihe hellblau stricken. Die 3. und 4., 7. und 8. Reihe dunkelblau stricken.

Zweifarbige Musterstrickerei

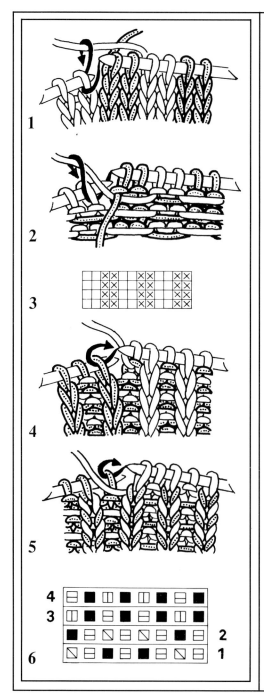

Für die Musterstrickerei ist ein Zählmuster erforderlich. Man strickt mit 2 Farbfäden obenauf rechts, d. h. in den Hinreihen rechte Maschen und in den Rückreihen linke Maschen. Der Farbfaden ist dem Zählmuster entsprechend zu wechseln und auf der Rückseite lose weiterzuführen. Die Arbeitsprobe **1** zeigt die Vorderseite und die Arbeitsprobe **2** die Rückseite der Strickerei. Das Zählmuster **3** gibt 3 Mustersätze und 4 Reihen. 1 Kästchen = 1 Strickmasche, 1 leeres Kästchen = 1 weiße, 1 Kreuz = 1 grüne Masche.

Die Arbeitsproben **4** und **5** zeigen eine Variante der Musterstrickerei, die aus Rechtsmaschen, Linksmaschen und abgehobenen Maschen entsteht. Man strickt nach der Strickschrift **6** abwechselnd 2 Hinreihen und 2 Rückreihen und wechselt nach jeder Reihe die Farbe. Die Arbeitsprobe 4 zeigt das Abheben einer Masche auf der Vorderseite und die Arbeitsprobe 5 auf der Rückseite der Arbeit. Nach Erlernen dieser Technik kann man ohne Strickschrift jedes Zählmuster verwenden. Zu beachten ist, daß die Linksmaschen im Zählmuster nicht erscheinen und ein Kästchen für 1 Masche und 2 Reihen gilt.

Das Rosenmuster auf der Nebenseite strickt man nach dem Zählmuster auf Seite 152.

Zweifarbige Musterstrickerei

Zweifarbige Musterstrickerei

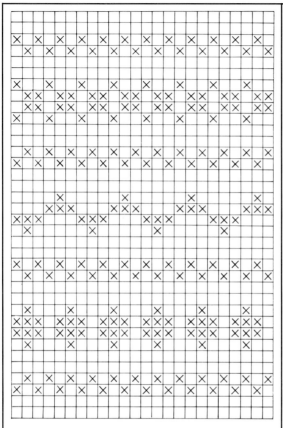

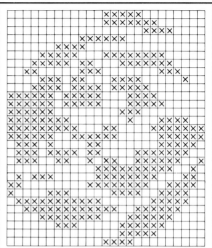

Leere Kästchen = 1 rote, Kästchen mit Kreuz = 1 weiße Masche. Das Muster kann in Breite und Höhe wiederholt werden. Zwischen den Rosen kann man noch 2 Maschen bzw. 2 Reihen rot stricken.

Das Zählmuster links gilt für das rote Muster mit weißen Kanten auf Seite 155. Ein leeres Kästchen bedeutet eine rote Masche und ein Kästchen mit einem Kreuz eine weiße Masche. Das Muster gibt gleichzeitig einen Vorschlag für eine aufgesetzte Tasche. Man strickt für den unteren Rand und für den oberen Rand 6 Reihen und für die seitlichen Ränder 6 Maschen rot im Streifenmuster: 1 Masche rechts, 1 Masche links im Wechsel.

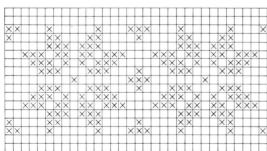

Das Zählmuster für die Sternenkante (Seite 154) gibt in der Breite 2 Mustersätze, die zu wiederholen sind. Leere Kästchen = 1 weiße Masche, Kreuz = 1 blaue Masche.

Zweifarbige Musterstrickerei

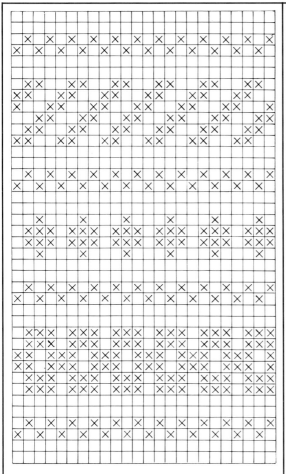

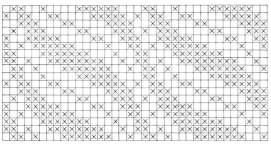

Die Zählmuster auf diesen und den folgenden Seiten sind für die zweifarbige Musterstrickerei erforderlich. Jedes Zählmuster ist von unten nach oben und die Reihen sind abwechselnd einmal von rechts nach links und einmal von links nach rechts abzulesen. Ein Kästchen des Zählmusters gilt für eine Strickmasche und ein Zeichen für die entsprechende Farbe. Man strickt mit 2 Farbfäden und führt den nicht gebrauchten Farbfaden auf der Rückseite lose weiter, siehe auch die Arbeitsproben 1 und 2 auf Seite 150. Die gegebenen Mustersätze sind beliebig oft zu wiederholen.

Das weiße Muster mit roten Kanten auf Seite 155 strickt man nach dem Zählmuster links oben. Leere Kästchen = 1 weiße Masche, Kästchen mit Kreuz = 1 rote Masche. Die Mustersätze können beliebig oft wiederholt werden.

Das Zählmuster gibt in der Breite 2 Mustersätze für das rotweiße Wellenmuster auf Seite 154, die zu wiederholen sind. Leere Kästchen = 1 weiße Masche, Kästchen mit Kreuz = 1 rote Masche.

Zählmuster für diese Muster auf den Seiten 152, 153, 156 und 157

Zweifarbige Musterstrickerei

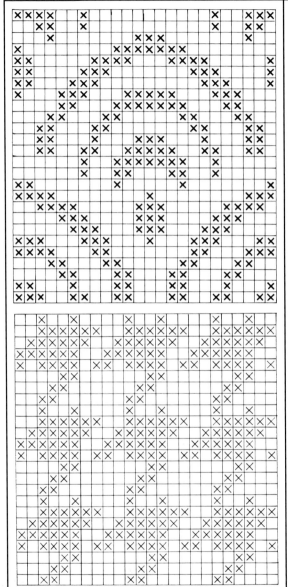

Das gestrickte Bogenmuster und das Hahnentrittmuster befinden sich auf Seite 155.

Das lila-weiße Bogenmuster sowie das grau-weiße Hahnentrittmuster auf Seite 155 eignen sich als Flächenmuster für Pullover und Jacken. Diese beiden Muster sehen auch in umgekehrter hell-dunkel Wirkung sehr gut aus.

Das Zählmuster oben gibt einen Mustersatz des Bogenmusters, der in Breite und Höhe zu wiederholen ist. Ein leeres Kästchen = eine weiße Masche, ein Kästchen mit einem Kreuz = 1 lilafarbene Masche.

Das Zählmuster gibt in Breite und Höhe 3 Mustersätze des Hahnentrittmusters, die beliebig oft zu wiederholen sind. Ein leeres Kästchen = eine weiße Masche, ein Kästchen mit Kreuz = eine graue Masche.

Zweifarbige Musterstrickerei

Flächenmuster mit diagonaler Hell-dunkel-Teilung (Seite 154). Leere Kästchen = 1 weiße Masche, Kästchen mit Kreuz = 1 graue Masche. Die Teilung verläuft von rechts oder von links unten.

Zweifarbige Musterstrickerei

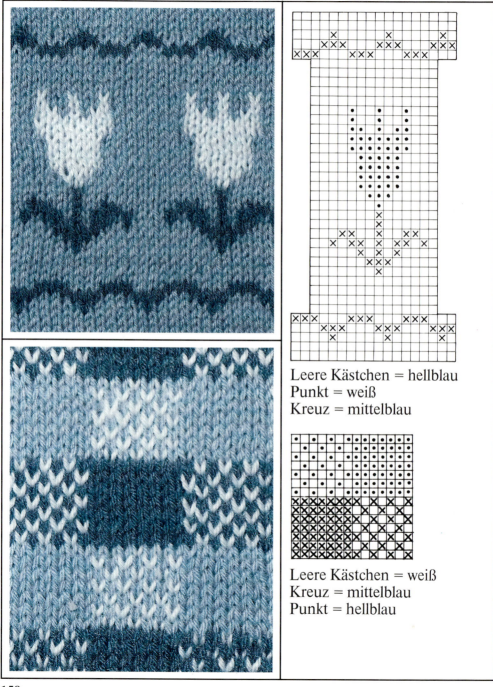

Leere Kästchen = hellblau
Punkt = weiß
Kreuz = mittelblau

Leere Kästchen = weiß
Kreuz = mittelblau
Punkt = hellblau

Zweifarbige Musterstrickerei

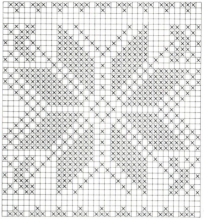

Das Zählmuster gibt einen Stern, der einem obenauf rechts gestrickten Maschengrund in beliebiger Verteilung eingearbeitet werden kann.
Leere Kästchen = hellblau, Kästchen mit Kreuz = blau.

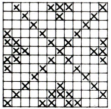

Leere Kästchen = hellblau, Kästchen mit Kreuz = dunkelblau.

Zweifarbige Musterstrickerei

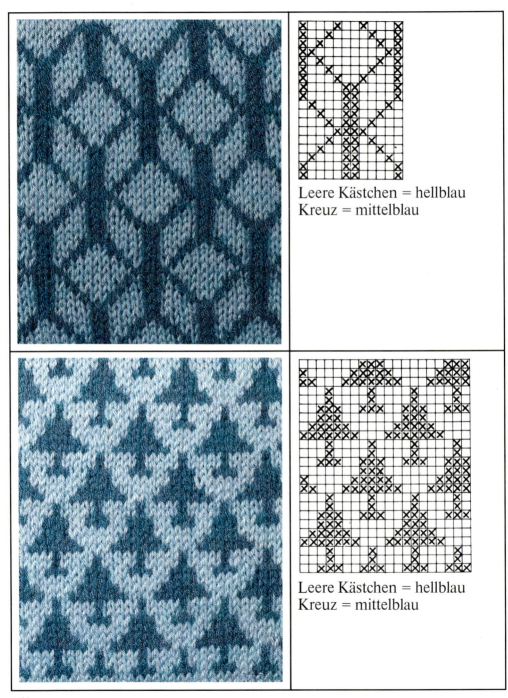

Leere Kästchen = hellblau
Kreuz = mittelblau

Leere Kästchen = hellblau
Kreuz = mittelblau

Zweifarbige Musterstrickerei

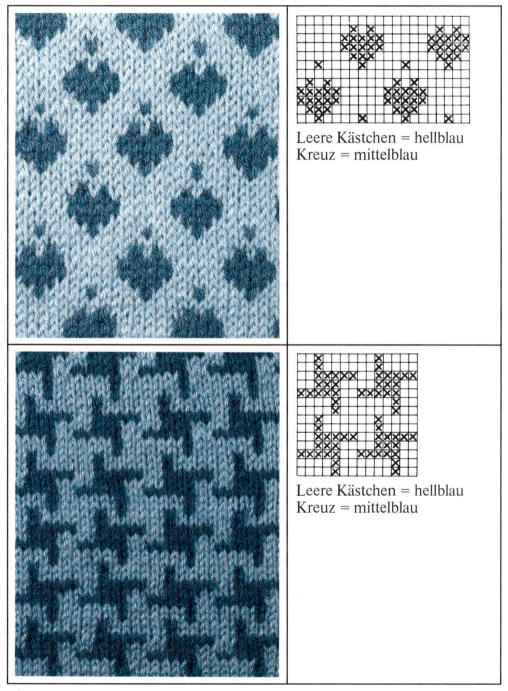

Leere Kästchen = hellblau
Kreuz = mittelblau

Leere Kästchen = hellblau
Kreuz = mittelblau

Bunte Kanten ohne Zählmuster zum Abstricken

Bunte Kanten ohne Zählmuster zum Abstricken

Fingerhandschuhe

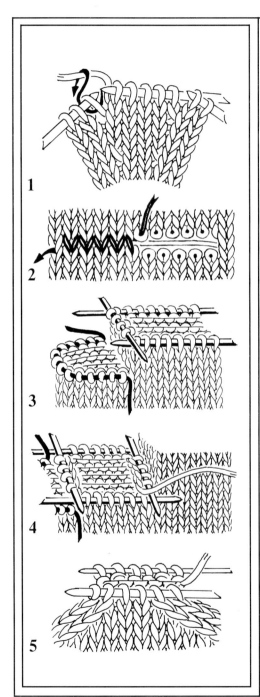

1. Daumenkeil
2. Daumenschlitz
3. Maschen für kleinen Finger auf einem Hilfsfaden
4. Einteilung der Finger
5. Spitze für Fausthandschuhe

Einfarbig oder knallbunt, dicht oder durchbrochen, auch beim Stricken von Handschuhen sind der Phantasie keine Grenzen gesetzt. Für Fingerhandschuhe braucht man etwa 50 bis 100 g mittelstarkes Wollgarn in einer Farbe oder Wollreste und 1 Spiel Stricknadeln Nr. 2½ oder 3.

Die Arbeitsproben links verdeutlichen das Stricken von Handschuhen.
1. Daumenkeil
2. Daumenschlitz
3. Maschen für kleinen Finger auf einem Hilfsfaden
4. Einteilung der Finger
5. Spitze für Fausthandschuhe

Den Ringelhandschuh auf der Nebenseite oben beginnt man am Bündchenrand und strickt in Runden nach der Schnittübersicht (1 Kästchen gilt für 1 cm) auf Seite 166 zunächst das weiße Bündchen im Streifenmuster: 2 Maschen rechts, 2 Maschen links im Wechsel. Die angeschlagenen Maschen (40 Maschen) verteilt man gleichmäßig auf 4 Nadeln. Nach 5 cm Höhe strickt man im Ringelmuster abwechselnd 2 Runden weiß rechts, 1 Runde blau rechts, 1 Runde blau links. Die farbigen Runden sind abwechselnd blau, lila, grün und gelb zu stricken. In der 3. Handteilrunde beginnt man mit dem Einarbeiten des Daumenkeils, siehe Arbeitsprobe 1. Man nimmt dafür auf der 1. Nadel den Verbindungsfa-

Fingerhandschuhe

Fingerhandschuhe

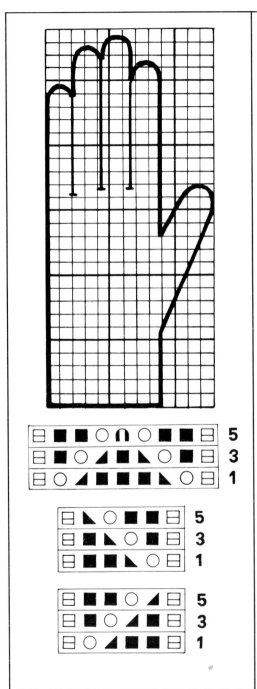

den vor der letzten Masche und auf der 2. Nadel nach der 1. Masche auf und strickt ihn rechtsverschränkt ab. Das Zunehmen wiederholt man in jeder ersten farbigen Runde vor der 1. und nach der 2. Zunehmemasche, bis der Daumenkeil 16 Maschen breit ist. Diese 16 Keilmaschen nimmt man auf einen Hilfsfaden und schlägt dahinter 4 Maschen neu auf. Nun strickt man wieder im Ringelmuster und nimmt dabei die 4 Maschen des Zwickels in der 2. und 4. folgenden Runde wieder ab, indem man die ersten 2 Maschen überzogen und die letzten 2 Zwickelmaschen rechts zusammenstrickt. Wieder über 40 Maschen strickt man den Handteil bis zu Beginn des kleinen Fingers. Dafür nimmt man 10 Maschen auf einen Hilfsfaden und schlägt zwischen kleinem Finger und Ringfinger 3 Maschen neu an. Dann strickt man noch 4 Runden und teilt die Maschen für die übrigen Finger auf, und zwar für den Ringfinger 4 Maschen vom Handrücken und 5 Maschen vom Handteller, für den Mittelfinger 5 Maschen vom Handrücken und 4 Maschen vom Handteller, für den Zeigefinger 12 Maschen. Für die Fingerspanne zwischen Ringfinger und Mittelfinger sowie zwischen Mittel- und Zeigefinger schlägt man je 3 Maschen neu auf bzw. strickt aus den neu aufgeschlagenen Maschen 3 Maschen heraus, siehe die Arbeitsproben 3

Fingerhandschuhe

und 4 auf Seite 164. Mit den restlichen 12 Maschen und 3 herausgestrickten Maschen strickt man den Zeigefinger. Die Finger im Ringelmuster stricken und die Fingerspitzen weiß in Rechtsrunden. An 3 Stellen strickt man in jeder Runde 2 Maschen rechts zusammen und vernäht die letzten 3 Maschen. Den Daumen strickt man über die Maschen vom Hilfsfaden und des Zwickels.

Die lilafarbenen Fingerhandschuhe (Seite 165) strickt man aus feinem Wollgarn mit Stricknadeln Nr. 2 ½. Man beginnt am unteren Rand (52 Maschen) und strickt 2 cm hoch in Rechtsrunden. Anschließend arbeitet man den Handteil über die Hälfte der Maschenanzahl (26 Maschen) weiter rechts und den Handrücken über die zweite Hälfte im Hohlleitermuster, siehe Seite 97 unten. Dabei ist zu beachten, daß in der 2. und 4. Runde die Linksmaschen links und die zusammengestrickten Maschen rechts zu stricken sind. Vor und nach den Hohlleitern stets 2 Maschen links stricken. In Daumenschlitzbreite 9 Maschen mit einem andersfarbigen Wollfaden stricken, siehe Arbeitsprobe 2 auf Seite 164. Bei Beginn des kleinen Fingers nimmt man 13 Maschen auf einen Hilfsfaden, strickt noch bis zu Beginn der übrigen Finger weiter und teilt nun die Maschen den Fingerbreiten entsprechend ein. Ringfinger und Mittelfinger je 6 Maschen vom Handteller und Handrücken, 15 Maschen für den Zeigefinger. Man richtet sich weiter nach der Beschreibung für den Ringelhandschuh, braucht jedoch 4 Maschen für jede Fingerspanne. Die Hohlleitern sind an jedem Finger fortzusetzen. Den Hilfsfaden für den Daumenschlitz zieht man heraus und nimmt die Maschen auf Stricknadeln. Noch 2 Maschen zunehmen und über 20 Maschen den Daumen in Rechtsrunden stricken. Die letzten Maschen vernähen.

Die hellblauen Fingerhandschuhe strickt man aus mittelstarkem Wollgarn mit Stricknadeln Nr. 3. Man beginnt am unteren Rand (36 Maschen) und strickt 3 Runden im Streifenmuster: 1 Masche rechtsverschränkt, 1 Masche links im Wechsel. Anschließend arbeitet man im Durchbruchmuster nach der oberen Strickschrift auf Seite 166. Der Mustersatz ist 4mal in der Runde zu stricken. In den nicht gegebenen Runden sind die Linksmaschen links, Umschläge und Rechtsmaschen rechts zu stricken. 1.–6. Runde wiederholen. In Daumenschlitzbreite 9 Maschen (1 Mustersatz) mit einem andersfarbigen Wollfaden stricken, siehe Arbeitsprobe 2 auf Seite 164. Bei Beginn des kleinen Fingers nimmt man 10 Maschen auf einen Hilfsfaden, strickt noch bis zu Beginn der übrigen Finger weiter und teilt nun die Maschen der Fingerbreiten ein.

Fausthandschuhe

Ringfinger und Mittelfinger je 4 Maschen vom Handteller und Handrücken, 10 Maschen für den Zeigefinger. Man richtet sich weiter nach der Beschreibung für den Ringelhandschuh. Das Durchbruchmuster ist an den Fingern in der halben Breite fortzusetzen, siehe mittlere und untere Strickschrift auf Seite 166. Die Maschen dazwischen sind links zu stricken. Den Hilfsfaden für den Daumenschlitz zieht man heraus und nimmt die Maschen auf Stricknadeln (18 Maschen). Über 9 Maschen ist der Durchbruchstreifen weiterzuarbeiten und über 9 Maschen links zu stricken.

Die blau-weißen Fingerhandschuhe (Seite 165) aus mittelstarkem Wollgarn mit Nadeln Nr. 2 ½ stricken. Man beginnt am Bündchenrand (40 Maschen) blau und strickt in Runden im Streifenmuster: 1 Masche rechtsverschränkt, 1 Masche links im Wechsel. Nach 6 cm Bündchenbreite strickt man im Perlmuster weiter: 1 Masche rechts, 1 Masche links. In jeder Runde sind die Maschen zu versetzen, und es ist abwechselnd 1 Runde blau und 1 Runde weiß zu stricken. In Daumenschlitzbreite 9 Maschen mit einem andersfarbigen Wollfaden stricken, siehe die Arbeitsprobe 2 auf Seite 164. Bei Beginn des kleinen Fingers nimmt man 10 Maschen auf einen Hilfsfaden und schlägt zwischen kleinem Finger und Ringfinger 3 Maschen neu an. Dann strickt man noch 4 Runden und teilt die Maschen für die übrigen Finger auf, siehe die Beschreibung für den Ringelhandschuh. Die Finger sind einfarbig blau im Perlmuster zu stricken. Den Hilfsfaden für den Daumenschlitz zieht man heraus und nimmt die Maschen auf Stricknadeln. Der Daumen ist ebenfalls im Perlmuster blau zu stricken.

Die Fausthandschuhe der Nebenseite strickt man in hin- und hergehenden Reihen. Die Größe ergibt sich aus der Handgröße, die man auf Papier zeichnet. Man beginnt mit dem Bündchen im Streifenmuster: 1 Masche rechts, 1 Masche links im Wechsel. Nach 5 cm Höhe strickt man über die erste Hälfte des Bündchens im versetzten Streifenmuster, d. h. nach 4 Reihen die Maschen versetzen und über die zweite Hälfte obenauf rechts, d. h. Hinreihen rechts, Rückreihen links. Für die Handschuhspitze teilt man die Arbeit in der Mitte und vollendet Handteil und Handrücken getrennt. Am Ende jeder Reihe die letzten 2 Maschen rechts zusammenstricken. Den Daumen beginnt man an der Keilspitze mit 3 Maschen, strickt hin- und hergehend obenauf rechts. Am Ende der Reihe stets aus der letzten Masche 2 Maschen, d. h. 1 Masche rechts und 1 Masche rechtsverschränkt stricken. Den Daumen entsprechend hoch stricken und die letzten 4 Reihen im Streifenmuster. Nähte schließen.

Fausthandschuhe

Die Fausthandschuhe auf der Nebenseite sind aus feinem oder mittelstarkem Wollgarn ein- bzw. zweifarbig gestrickt. Man benötigt etwa 80 bis 120 g Wollgarn und 1 Spiel Stricknadeln Nr. 2½ oder 3. Schnittübersicht Seite 173. 1 Kästchen = 1 cm.
Die lila-weißen Fausthandschuhe aus feinem Wollgarn beginnt man am Bündchenrand weiß (60 Maschen) und strickt 5 cm hoch im Streifenmuster: 2 Maschen rechts, 2 Maschen links im Wechsel. Dann strickt man mit 2 Farbfäden nach dem Zählmuster auf Seite 173 weiter. Leeres Kästchen = weiß, Kästchen mit Kreuz = lila. Das Zählmuster gilt für den Handrücken, die seitlichen 4 Maschen sind je für den Handteller zu wiederholen. In der 3. Runde beginnt man mit dem Zunehmen für den Daumenkeil, siehe das Zählmuster darunter, bis der Daumenkeil 21 Maschen breit ist. Diese Keilmaschen nimmt man auf einen Hilfsfaden und schlägt dahinter 8 Maschen neu auf. Nun strickt man den Handteil weiter und nimmt dabei die Maschen des Zwickels in jeder 2. Runde ab, indem man die ersten 2 Maschen überzogen und die letzten 2 Maschen rechts zusammenstrickt. Für die Spitze nimmt man an der Daumen- und Kleinfingerseite beiderseitig von 2 Maschen ab, siehe Arbeitsprobe 5, Seite 164. Davor 2 Maschen rechts zusammen und danach 2 Maschen überzogen zusammenstricken. Die letzten sich gegenüberliegenden Maschen sind mit Stricknaht zu verbinden. Den Daumen strickt man über die Keil- und Zwickelmaschen im zweifarbigen Muster weiter und nimmt in den ersten Runden die Zwickelmaschen wieder ab. Für die Spitze an 3 Stellen in jeder Runde 2 Maschen rechts zusammenstricken.
Die roten Fausthandschuhe aus mittelstarkem Wollgarn beginnt man am Bündchenrand (48 Maschen) und strickt in Runden 7 cm hoch im Streifenmuster: 2 Maschen rechtsverschränkt, 2 Maschen links im Wechsel. Anschließend strickt man für den Handteil Linksmaschen und über 18 Maschen nach der Strickschrift auf Seite 173 oben. In der 1. Runde werden 3 Maschen zugenommen. Dieser Musterstreifen verläuft in der Mitte des Handrückens und ist von der 2. Runde an 21 Maschen breit. 2.-6. Runde entsprechend oft wiederholen. Nach 7 cm Höhe strickt man für den Daumenschlitz 10 Maschen mit einem andersfarbigen Wollfaden ab. Für die Spitze des Handrückens strickt man die 1.-17. Runde nach der Strickschrift. In den nicht gegebenen Runden sind die Rechtsmaschen rechts, Linksmaschen links und rechtsverschränkte Maschen rechtsverschränkt zu stricken. Die übrigen Maschen sind weitergehend links zu stricken, und für die Spitze

Fausthandschuhe

Fausthandschuhe

ist abzunehmen. Dafür strickt man 2 Maschen links zusammen. Die Abnehmestellen liegen 5 Maschen vor bzw. hinter den rechtsverschränkten Maschen. Die letzten Maschen verbindet man mit Stricknaht. Für den Daumen zieht man den eingestrickten Faden heraus, verteilt die 20 Maschen auf 3 Nadeln und strickt in Linksrunden 6 cm hoch. Dann folgt die Spitze mit Abnehmen an 3 Stellen.

Die Fausthandschuhe im zweifarbigen Patentmuster aus mittelstarkem Wollgarn beginnt man am Bündchenrand rosafarben (44 Maschen) und strickt in Runden 7 cm hoch im Streifenmuster: 1 Masche rechts, 1 Masche links. Anschließend strickt man im zweifarbigen Patentmuster nach der Strickschrift auf Seite 173 unten weiter. 1. Runde: rosafarben. 2. Runde: fliederfarben. 3. Runde: rosafarben. 2. und 3. Runde wiederholen. Nach 6 cm Höhe strickt man für den Daumen in Schlitzbreite (9 Maschen) einen andersfarbigen Hilfsfaden ein. Zur Bildung der Handschuhspitze sind nach erreichter Höhe Maschen abzunehmen. Man strickt in jeder 3. und 4. Runde seitlich von 1 rechten Masche je 2 Maschen rechts zusammen bzw. überzogen zusammen. Die letzten Maschen zusammenziehen. Für den Daumen den eingestrickten Hilfsfaden herausziehen und 18 Maschen auf 3 Nadeln verteilen. Den Daumen 6 cm hoch rosafarben in Rechtsrunden stricken. Für die Spitze in jeder Runde an 3 Stellen 2 Maschen rechts zusammenstricken. Die letzten 6 Maschen zusammenziehen.

Die rot-weißen Fausthandschuhe aus mittelstarkem Wollgarn beginnt man am unteren Rand weinrot (58 Maschen) und strickt in hin- und hergehenden Reihen im Rippenmuster, d. h. stets Rechtsmaschen. Nach 8 Reihen schließt man zur Runde, strickt 2 Runden rechts und anschließend mit zwei Farbfäden nach dem Zählmuster auf Seite 173 links. Leere Kästchen = weiß, ein Kästchen mit Kreuz = rot. Der Mustersatz oberhalb der Linie ist bis zur Spitze 4mal zu arbeiten. Das Zählmuster gibt den Handrücken, den Handteller strickt man wie die ersten 5 Runden des Zählmusters angeben. Nach 9 cm Höhe strickt man für den Daumen in Schlitzbreite (9 Maschen) einen andersfarbigen Hilfsfaden ein. Für die Handschuhspitze Maschen abnehmen, und zwar in den letzten 12 Runden beiderseitig von 2 weinroten seitlichen Maschen 2 Maschen rechts bzw. 2 Maschen überzogen zusammenstricken. Den eingestrickten Faden herausziehen und die 18 Maschen auf 3 Nadeln verteilen. Entsprechend hoch rot in Rechtsrunden stricken und für die Spitze an 3 Stellen in den letzten 4 Runden 2 Maschen rechts zusammenstricken. Die letzten 6 Maschen vernähen.

Fausthandschuhe

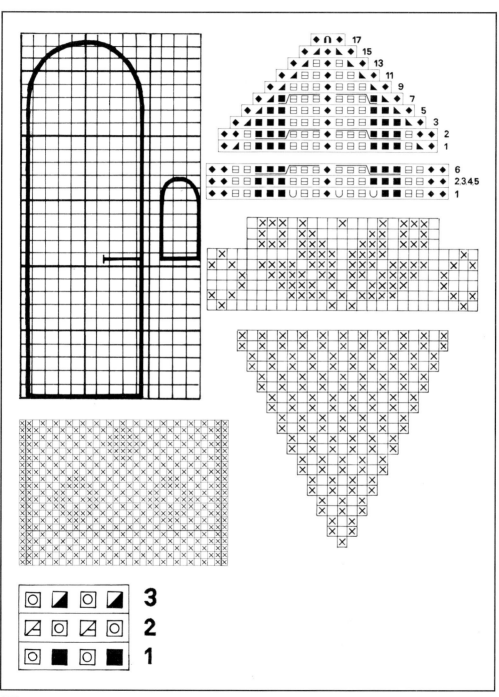

Strümpfe

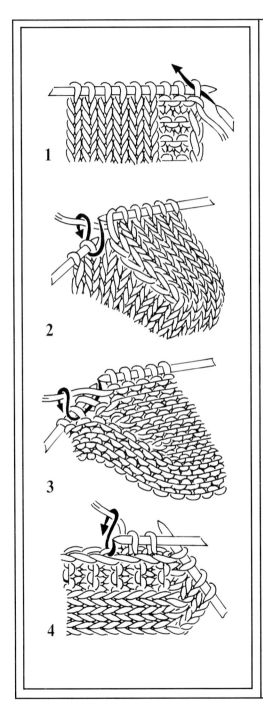

Obwohl von der Industrie Strümpfe in vielen Varianten hergestellt werden, ist Strümpfestricken immer beliebt. Vor Beginn der Arbeit wird an 5 Stellen Maß genommen: Wade, Knöchel, Strumpflänge von Ferse bis oberer Rand, Fußbreite und Fußlänge von Ferse bis Spitze. Die Strümpfe strickt man in Runden und verteilt die Maschen auf 4 Nadeln. Der Maschenanschlag für Kniestrümpfe wird aus der Wadenweite errechnet. Männersocken strickt man bis zur Ferse im Streifenmuster: 2 Maschen rechts, 2 Maschen links im Wechsel. Die Vorschläge von Söckchen und Kniestrümpfen auf den Seiten 176 und 177 sind für Kinder und Erwachsene geeignet. Beschreibungen folgen auf den Seiten 179 und 180.

Die Arbeitsproben 1–5 erklären das Stricken des Füßlings.

1. Nach Vollendung des Beinlings strickt man über die 4. und 1. Nadel in hin- und hergehenden Reihen die Ferse. Die Maschen der 2. und 3. Nadel bleiben zunächst liegen. Man strickt die Hinreihen rechts, die Rückreihen links mit Kettenrand. Die 2 ersten und 2 letzten Maschen können stets rechts gestrickt werden. Für die Ferse werden etwa so viele Reihen gestrickt, wie man Maschen auf der Nadel hat. Die letzte Reihe ist eine Hinreihe.

2. und 3. zeigen das dreiteilige Deckelchen. Dafür strickt man zwei

Strümpfe

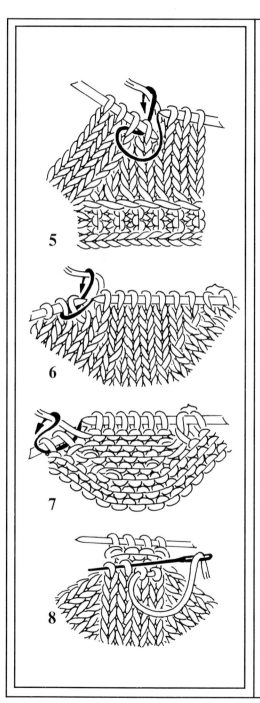

Drittel der Maschen bis auf eine Masche links (3), diese Masche strickt man mit der folgenden links zusammen und wendet. Die zusammengestrickte Masche wird wie zum Rechtsstricken abgehoben. Die Maschen des mittleren Drittels rechts stricken, 2 Maschen überzogen zusammenstricken, siehe Arbeitsprobe 2, wenden und die zusammengestrickte Masche abheben. Das Zusammenstricken wiederholen, bis die seitlichen Maschen aufgebraucht sind.

4. Die Randmaschen der Fersenränder aufnehmen und mit den Maschen auf der 2. und 3. Nadel wieder in Rechtsrunden stricken.

5. Für den seitlichen Zwickel am Ende der 1. und am Anfang der 4. Nadel 2 Maschen zusammenstricken, bis man wieder so viele Maschen in der Runde hat wie vor Beginn der Ferse.

Den Füßling in Rechtsrunden vollenden. Gleichmäßig verteilt an 4 Stellen durch Zusammenstricken von 2 Maschen abnehmen (Sternspitze). Nach der ersten Abnehmerunde 3 Runden, dann 2 Runden, 2mal eine Runde ohne Abnehmen stricken. Dann in jeder Runde abnehmen und die letzten 8 Maschen vernähen, siehe Arbeitsprobe 8. Diese zeigt eine zweite Strumpfspitze (Bandspitze).

6. und 7. Die Arbeitsproben zeigen eine zweite Möglichkeit für das Stricken von Deckelchen (keilförmi-

Strümpfe

Strümpfe

ges Deckelchen). Man beginnt mit einer Rückreihe, strickt bis zur Mitte, dann noch 1 Masche links, 2 Maschen links zusammen, 1 Masche links und wendet. Die erste Masche wie zum Rechtsstricken abheben, 3 Maschen rechts, die folgenden 2 Maschen rechts zusammenstricken, noch 1 Masche rechts, wenden. Die 1. Masche wie zum Linksstricken abheben, 4 Maschen links, die letzte Masche mit der folgenden Fersenmasche links zusammenstricken und 1 Masche links. Nun das keilförmige Abnehmen fortsetzen, bis alle Fersenmaschen aufgebraucht sind.

8. Die Arbeitsprobe zeigt, wie man die letzten 8 Maschen zusammenzieht und eine Bandspitze. Für eine Bandspitze ist ebenfalls an 4 Stellen abzunehmen, nur liegen die Abnehmestellen seitlich an der großen und kleinen Zehe durch je 2 Maschen getrennt. Vor diesen 2 Maschen sind 2 Maschen rechts zusammenzustricken und danach überzogen zusammenzustricken, d. h. 1 Masche abheben, 1 Masche rechts stricken und die abgehobene Masche überziehen.

Diese Söckchen und Kniestrümpfe sind Vorschläge für Erwachsene oder Kinder. Die Beschreibungen für die Beinlinge folgen auf den Seiten 179 und 180.

Strümpfe

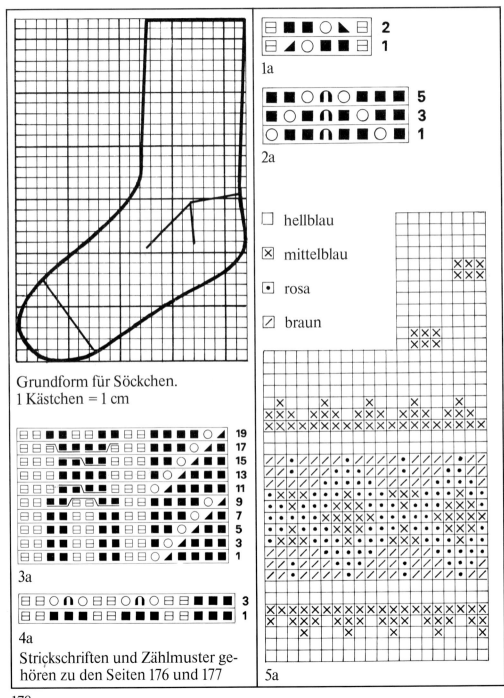

Grundform für Söckchen.
1 Kästchen = 1 cm

3a

4a

Strickschriften und Zählmuster gehören zu den Seiten 176 und 177

Strümpfe

Die weißen Söckchen beginnen mit einem 6 cm breiten Bündchen in Runden im Streifenmuster: 2 Maschen rechts, 2 Maschen links im Wechsel. Anschließend strickt man weiter in Runden nach der Strickschrift 1 a auf Seite 178 im Durchbruchmuster 6 cm hoch. Die 1. und 2. Runde ist zu wiederholen. Dann folgt die Ferse obenauf rechts und das keilförmige Deckelchen. Den Füßling strickt man wieder in Runden, und zwar die Sohle rechts und das Fußblatt weitergehend im Durchbruchmuster bis zur Spitze. Diese wird in Rechtsrunden als Bandspitze gestrickt, siehe die Arbeitsprobe 8 auf Seite 175.

Die hellblauen Söckchen beginnt man mit einem 2 cm breiten Zackensaum, siehe Arbeitsprobe auf Seite 189, strickt anschließend weiter in Runden 9 cm hoch im Durchbruchmuster nach der Strickschrift 2 a auf Seite 178. Es sind nur die Musterrunden gegeben. Die nicht gegebenen Runden rechts stricken. 1. bis 6. Runde wiederholen. Dann folgt die Ferse obenauf rechts und das keilförmige Deckelchen. Den Füßling strickt man wieder in Runden, die Sohle rechts und das Fußblatt weiter im Durchbruchmuster bis zur Spitze. Diese wird in Rechtsrunden als Bandspitze gestrickt.

Für die braunen Kniestrümpfe strickt man zunächst den 7 cm breiten oberen Rand in Runden im Streifenmuster: 2 Maschen rechts, 2 Maschen links im Wechsel. Dann strickt man weiter im Zopfstreifenmuster nach der Strickschrift 3 a auf Seite 178. Es sind nur die Musterrunden gegeben, in den nicht gegebenen Runden Rechtsmaschen und Umschläge rechts, Linksmaschen links stricken. 1.–20. Runde wiederholen. Für die Wade ist in der hinteren Mitte abzunehmen. Die Ferse strickt man obenauf rechts, dann das keilförmige Deckelchen und den Füßling wieder in Runden. Dabei ist für das Fußblatt das Zopfstreifenmuster bis zur Spitze fortzusetzen und die Sohle rechts zu stricken. Die Bandspitze wird in Rechtsrunden gestrickt.

Die rosafarbenen Kniestrümpfe strickt man in Runden und beginnt mit einem 2 cm breiten Rändchen im Streifenmuster: 1 Masche rechts, 1 Masche links im Wechsel. Anschließend strickt man weiter im Durchbruchmuster nach der Strickschrift 4 a auf Seite 178. Es sind nur die Musterrunden gegeben, in den nicht gegebenen Runden Rechtsmaschen und Umschläge rechts, Linksmaschen links stricken. 1.–4. Runde wiederholen. Für die Wade ist in der hinteren Mitte abzunehmen. Die Ferse strickt man obenauf rechts, dann das dreiteilige Deckelchen und den Füßling wieder in Runden. Dabei ist das Fußblatt bis zur Spitze im Durchbruchmuster und die Sohle rechts zu stricken. Die Spitze wird in Rechtsrunden als Sternspitze gestrickt.

Hüttenschuhe

Blaue Kniestrümpfe mit Musterkante. Man strickt in Runden zunächst ein 2 cm breites Rändchen hellblau im Streifenmuster: 1 Masche rechts und 1 Masche links im Wechsel. Anschließend wie folgt: 1. Runde: hellblau rechts. 2. Runde: hellblau links. 3. Runde: mittelblau rechts. 4. Runde: mittelblau links. 5.–8. Runde: wie 1.–4. Runde. 9. und 10. Runde: hellblau rechts. Dann strickt man in Rechtsrunden mit 2 Farbfäden nach dem Zählmuster 5 a auf Seite 178 weiter. Der Mustersatz ist in der Runde entsprechend oft zu wiederholen. Nach der Kante ist bis zur Ferse im Punktmuster zu stricken und für die Wade in der hinteren Mitte abzunehmen. Die Ferse strickt man hellblau obenauf rechts, dann das keilförmige Deckelchen und den Füßling wieder in Runden im Punktmuster. Zuletzt arbeitet man die hellblaue Bandspitze.

Hüttenschuhe aus Quadraten
Die Schuhe auf der Nebenseite sind einfach zu stricken. Man benötigt etwa 130 g starkes Wollgarn und Stricknadeln Nr. 4. Jeder Schuh besteht aus 6 Quadraten, die in einer Farbe, zweifarbig oder auch ganz bunt aus Wollresten gestrickt werden können. Für Größe 38/39 ist jedes Quadrat 9 cm groß. Zunächst 3 braune Quadrate stricken. Man beginnt an einer Seite (16 Maschen) und strickt in hin- und hergehenden Reihen stets Rechtsmaschen, so daß Rippen entstehen. Die 3 gestreiften Quadrate beginnt man je an einer Spitze braun mit 3 Maschen und strickt ebenfalls im Rippenmuster. Zur Bildung der quadratischen Form nimmt man am Ende jeder Reihe 1 Masche zu, indem man aus der letzten Masche 1 Masche rechts und 1 Masche rechtsverschränkt strickt. Man strickt abwechselnd 2 Reihen braun und 2 Reihen weiß. Nach erreichter Seitenlänge des Quadrates von 9 cm (25 Maschen) nimmt man am Ende jeder Reihe Maschen ab, indem man die letzten 2 Maschen rechts zusammenstrickt. Die letzten 3 Maschen zieht man zusammen und vernäht den Faden. Die fertigen Quadrate werden braun mit einer Reihe fester Maschen zusammengehäkelt. Zunächst häkelt man für die Schuhspitze 2 gestreifte Quadrate an 2 Seiten zusammen und dann ein gestreiftes und ein braunes Quadrat, auch an 2 Seiten, für Sohle und Ferse. Die 2 letzten braunen Quadrate verbindet man je an einer Seite mit den Fersenteilen und an 2 Seiten mit den Schuhspitzenteilen. Zuletzt häkelt man noch um den oberen Schuhrand 2 Runden braune feste Maschen. In der ersten Runde arbeitet man die festen Maschen in die Randmaschen der Strickerei (4 Seitenränder) und in der 2. Runde in das volle untere Maschenglied. Für einen festen Abschlußrand in der ersten Runde die Strickerei etwas einhalten.

Hüttenschuhe

Ausschnittgestaltungen

Vor Beginn der Strickerei ist die Auswahl des Wollgarns und die dazu passenden Stricknadeln wichtig. Damit fertigt man in dem ausgesuchten Muster eine etwa 10 cm im Quadrat große Probe an. Genau wie später die fertigen Teile, wird diese Probe mit der Rückseite nach oben auf eine weiche Unterlage gespannt, mit einem feuchten Tuch bedeckt und leicht gedämpft. Elastische Muster und synthetische Garne dürfen nicht gedämpft werden. Diese Strickprobe dient als Grundlage für die Maschen- und Reihenberechnung der Schnittform. Nach dem Berechnen von Zu- und Abnehmen von Maschen beginnt die Arbeit mit dem Maschenanschlag. Außer dem Muster sind die Detailgestaltungen eines Strickmodells sehr vielseitig. Die Abbildungen auf folgenden Seiten geben Anregungen ohne Schnitt für Ausschnittlösungen, Kragen, Taschen, Blenden, Ärmel usw., die für Damen-, Herren- und Kinderkleidung verwendet werden können.
Der klassische spitze Ausschnitt oder auch V-Ausschnitt bietet viele Varianten. Die Abbildung auf nebenstehender Seite zeigt die einfachste Lösung. Nach Fertigstellung des Pullovers wird der Halsausschnitt ringsum gemessen, der Maschenanschlag berechnet und die 3 cm breite Blende in hin- und hergehenden Reihen im Streifenmuster: 2 Maschen rechts, 2 Maschen links im Wechsel gestrickt. Die Maschen werden dem Ausschnittrand mit Steppstichen aufgestickt, siehe die untere Arbeitsprobe auf Seite 184. In der vorderen Mitte wird die Blende übereinander gelegt. Weitere Blenden zeigen die Abbildungen auf Seite 186.
Auf Seite 185 zeigt die Abbildung oben eine **dreifarbige Blende für einen viereckigen Ausschnitt.** Dafür werden die Ausschnittmaschen zunächst nicht abgekettet, sondern auf einen Hilfsfaden gezogen. Aus den Randmaschen der seitlichen Ränder werden neue Maschen herausgeholt, und über diese Maschen und die Maschen auf dem Hilfsfaden wird die Blende in Runden im Rippenmuster angestrickt. Man strickt abwechselnd eine Runde rechts, eine Runde links in der Farbfolge: 4 Runden weiß, 2 Runden blau, 2 Runden weiß, 2 Runden rosafarben, 2 Runden blau, 4 Runden weiß. Der Rundenübergang liegt in der hinteren Mitte. An den 4 Ecken nimmt man in jeder Rechtsrunde beiderseitig einer Masche ab, indem man davor 2 Maschen rechtsverschränkt und danach 2 Maschen rechts zusammenstrickt.
Der Rollrand (Seite 185 unten) wird etwa 6 cm breit in Rechtsrunden dem Ausschnitt angestrickt. Ratsam ist, die Maschen für den Halsausschnitt nicht abzuketten, sondern auf der Nadel zu lassen und die Schnittform durch verkürzte Reihen zu bilden.

Ausschnittgestaltungen

Ausschnittgestaltungen

Bevor eine Blende angestrickt wird, stickt man dem äußeren Rand des Ausschnittes eine Kettenstichreihe auf, siehe die Arbeitsprobe oben. Aus dieser werden neue Maschen herausgeholt und die Blende im ausgewählten Muster angestrickt. Vorher muß die Maschenanzahl genau ausgerechnet werden, und es ist dabei zu beachten, daß elastische Muster etwas zu dehnen sind.
Einen zweiten Vorschlag für das Anarbeiten einer Blende zeigt die Abbildung unten. Nach genauer Berechnung der Maschenanzahl strickt man die Blende, den Kragen oder das Bündchen in einem beliebigen Streifenmuster. Die Maschen werden nach Vollendung der Blende auf einen andersfarbigen Hilfsfaden gezogen oder auf der Stricknadel gelassen und mit Steppstichen aufgenäht. Jeder Steppstich erfaßt 2 offene Maschen.

Die Beschreibungen für die dreifarbige Blende rechts oben und den Rollrand rechts unten befinden sich auf Seite 182.

Ausschnittgestaltungen

Ausschnittgestaltungen

Diese 4 verschiedenen Blenden werden einem spitzen Ausschnitt angestrickt, siehe Arbeitsprobe Seite 184 oben.
Für die obere Blende im Rippenmuster strickt man in hin- und hergehenden Reihen stets Rechtsmaschen oder in Runden abwechselnd eine Runde rechts, eine Runde links. In jeder Hinreihe (oder Rechtsrunde) für die Spitze 2 Maschen überzogen zusammenstricken (d. h. 1 Masche abheben, 1 Masche rechts stricken und die abgehobene Masche überziehen) und 2 Maschen rechts zusammenstricken.
Die 2. Blende von oben strickt man in hin- und hergehenden Reihen im Streifenmuster: 1 Masche rechtsverschränkt und 1 Masche links im Wechsel. Für die Spitze strickt man in jeder 2. Runde 5 Maschen rechtsverschränkt zusammen.
Die 3. Blende von oben strickt man in Runden im Streifenmuster: 1 Masche rechtsverschränkt, 1 Masche links im Wechsel. Für die Spitze strickt man beiderseitig einer rechtsverschränkten Masche in jeder Runde 2 Maschen links zusammen.
Die untere Blende im Streifenmuster, 2 Maschen rechts, 2 Maschen links im Wechsel,

Ausschnittgestaltungen

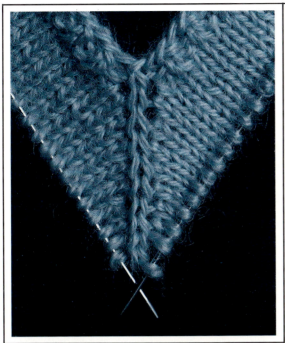

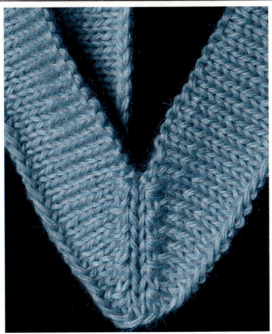

kann man in Runden oder in Reihen stricken. Für die Spitze nimmt man beiderseitig von 2 Rechtsmaschen ab, indem man in jeder Runde davor und danach je 2 Maschen rechts bzw. links zusammenstrickt.

Ausschnittblenden, die dem Rand des V-Ausschnittes aufgenäht werden, zeigen die 2 Abbildungen auf dieser Seite. **Die Blende oben** beginnt man am inneren Rand, strickt zunächst 2 Runden im Streifenmuster: 1 Masche rechts, 1 Masche links im Wechsel, dann in Rechtsrunden. Zur Bildung der Spitze nimmt man in jeder Runde Maschen zu, indem man vor und nach der Mittelmasche einen Umschlag bildet. Dieser Umschlag wird in der nächsten Runde als Rechtsmasche oder rechtsverschränkte Masche (kein Loch) abgestrickt. Die offenen Maschen näht man mit Steppstichen dem Halsausschnittrand auf, siehe die untere Arbeitsprobe auf Seite 184.
Die doppelte Blende unten eignet sich besonders für feines Wollgarn. Man beginnt am äußeren Rand und strickt in Rechtsrunden entsprechend hoch (3 cm). Für die Spitze strickt man in jeder 2. Runde vor der Mittelmasche

Ausschnittgestaltungen

3 Maschen rechts zusammen und nach dieser Masche 3 Maschen rechtsverschränkt zusammen. Für den Umbruch strickt man eine Runde Linksmaschen. Die 2. Blendenhälfte wird wie die Blende oben ohne Löcher gestrickt. Zwei Blenden, die im Zusammenhang mit dem Vorderteil gestrickt werden, zeigen die Abbildungen auf dieser Seite. Man teilt die Strickerei nicht in der vorderen Mitte (obere Abbildung), sondern 4 oder 5 Maschen vorher. Dann strickt man die rechte Vorderteilhälfte mit der übertretenden Blende (für Herrenpullover andere Seite) obenauf rechts und die Blendenmaschen (8 oder 10) stets rechts im Rippenmuster. Schnittgemäß muß das Abnehmen für die Schrägung des spitzen Ausschnittes berechnet werden. Die Abbildung zeigt 2 zusammengestrickte Maschen neben einer Rechtsmasche in jeder 2. Hinreihe. Das linke Vorderteil mit der untertretenden Blende wird in gleicher Weise gestrickt. Die Blendenmaschen holt man auf der Rückseite aus den Linksmaschen heraus.
Die doppelte Blende (links unten) wird ohne Untertritt gestrickt. Bei Beginn des Aus-

Ausschnittgestaltungen

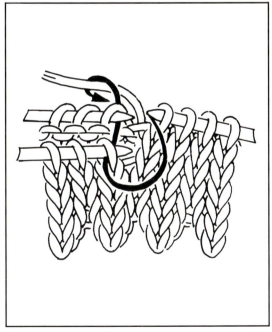

schnittes teilt man die Arbeit in der vorderen Mitte und schlägt in Blendenbreite neue Maschen auf. Diese Maschen werden zuletzt nach links umgesäumt. Für einen guten Umbruch ist eine Masche in den Rückreihen stets mit vorgelegtem Faden abzuheben, dadurch entsteht eine lange Masche. Ein beliebiger Zopf betont den Ausschnitt. Beiderseitig der Zopfmaschen (4 Maschen) ist eine Masche stets rechts zu stricken. Diese Masche wird in jeder 2. Rückreihe zur Bildung des spitzen Ausschnittes mit einer Vorderteilmasche rechts zusammengestrickt.

Ein obenauf rechts gestrickter Zackensaum eignet sich nicht nur als Abschluß eines Halsausschnittes, auch ein Strumpf oder ein Ärmel beginnt oft mit einem Saum. In Reihen oder Runden strickt man obenauf rechts beliebig hoch. Dann folgt eine Lochrunde:
1 Umschlag und 2 Maschen rechts zusammenstricken im Wechsel und wieder obenauf rechts in gleicher Breite wie zu Beginn. Die Anschlagmaschen werden nach hinten umgeschlagen, und mit jeder Rechtsmasche strickt man eine Anschlagmasche mit ab, siehe die Arbeitsprobe unten.

Kragen

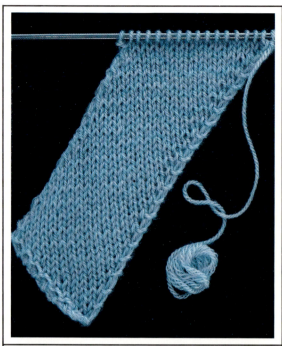

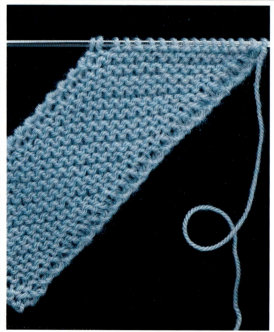

Schrägblenden sind einfach zu stricken und finden am Halsausschnitt, Ärmelrand oder unteren Pulloverrand Anwendung. Die Breite ist beliebig. Man beginnt an einer Ecke mit 3 Maschen und strickt in hin- und hergehenden Reihen obenauf rechts, d. h. Hinreihen rechts, Rückreihen links (obere Blende), oder stets rechts, so daß Rippen entstehen (untere Blende). Bis zur erreichten Blendenbreite nimmt man am Anfang jeder Reihe 1 Masche zu, indem man den Verbindungsfaden nach der ersten Masche als rechtsverschränkte Masche abstrickt. Dann behält man die gleiche Maschenanzahl in Blendenlänge, indem man am Anfang jeder Hinreihe weiter zunimmt und am Ende jeder Hinreihe 2 Maschen rechts zusammenstrickt. Für den Abschluß jeder Blende strickt man am Ende jeder Reihe 2 Maschen zusammen. **Der hellblaue Krageneinsatz** auf der Nebenseite ist ein Vorschlag ohne Schnitt für einen Pullover in beliebiger Größe. Man strickt 3 Teile im Grundmuster: 1.–4. Reihe: abwechselnd 2 Maschen rechts und 2 Maschen links im Wechsel. Die gleichen Maschen treffen übereinander. 5. und 6. Reihe: rechts. 1.–6. Reihe wiederho-

Kragen

Kragen

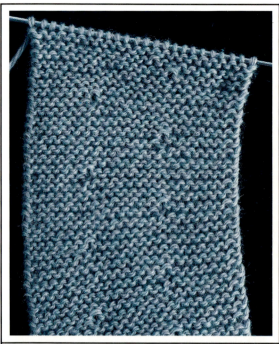

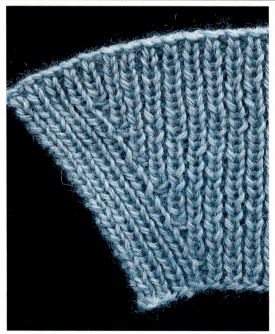

len. Den Kragen an einer Schmalseite und die Einsatzteile an den unteren Ecken beginnen. Der rechten Seite Knopflöcher einarbeiten. Halsausschnitt stricken. Nach dem Zusammennähen für die schmale weiße Blende aus den Randmaschen neue Maschen herausholen und 3 Rechtsreihen anstricken. In der 3. Reihe gleichzeitig abketten. Zur Bildung der Ecken in der Hinreihe beiderseitig der Eckmasche je 1 Masche rechtsverschränkt aus dem Verbindungsfaden herausstricken.

Die breite, im Rippenmuster (stets rechts) gestrickte Rundblende (siehe Abbildung oben) beginnt man an einer Schmalseite und strickt hin- und hergehend verkürzte Reihen. Man strickt abwechselnd 6 Reihen über alle Maschen, 2 Reihen nur über $2/3$ der Maschenanzahl, 6 Reihen über alle Maschen und 2 Reihen über $1/3$ der Maschenanzahl.

Den Kragen (untere Abbildung) beginnt man am Halsrand und strickt im Streifenmuster: 1 Masche rechts, 1 Masche links im Wechsel. In der 3. und jeder 4. folgenden Reihe nimmt man stets nach der 8. Masche und vor der 8letzten Masche 1 Masche zu.

Kragen

Kragen, die dem Halsausschnitt angenäht werden, strickt man getrennt. Für einfache rechteckige Kragen geben die beiden Abbildungen Vorschläge der Eckbildung.

Der obere Kragen wird am Halsrand begonnen. Man strickt obenauf rechts, d. h. Hinreihen rechts, Rückreihen links, nur beiderseitig je 7 Maschen und zum Abschluß 10 Reihen stets rechts im Rippenmuster.
Der untere Kragen ist ebenfalls rechteckig und wird im Rippenmuster gestrickt (stets rechts). Der Maschenanschlag am Halsrand entspricht der Halsweite, und man strickt in hin- und hergehenden Reihen. In der 3. Reihe beginnt man mit dem Zunehmen für die Eckbildung. Dafür bildet man vor und nach der 3. Masche sowie vor und nach der drittletzten Masche je einen Umschlag. In der folgenden Reihe strickt man den Umschlag als Rechtsmasche ab. Das Zunehmen wird in jeder Hinreihe wiederholt, bis die Kragenbreite erreicht ist.

Auf der folgenden Seite zeigen die Abbildungen zwei halbrunde Kragen.

Kragen

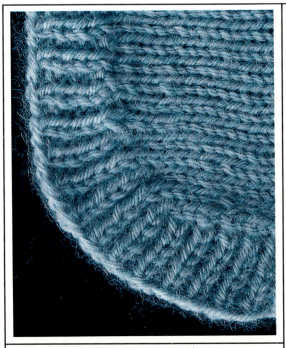

Für den oberen Kragen strickt man den Randstreifen 1,5 cm breit im Streifenmuster. Anschließend arbeitet man obenauf rechts weiter und strickt in der 1. Reihe bis zu den Rundungen jede 5. und 6. Masche rechts zusammen. Die Reihen sind zu verlängern, indem Maschen vom Randstreifen rechts gestrickt werden. Vor dem Wenden sind stets 2 Maschen des Randstreifens zusammenzustricken. Nach beendeter Rundung wird stets die letzte obenauf rechts gestrickte Masche mit 1 Masche des Randstreifens zusammengestrickt.
Der untere Kragen wird am Halsrand begonnen, obenauf rechts gestrickt und beiderseitig 7 Randmaschen im Perlmuster. Von Beginn der Rundung strickt man Kragenteil und Randkante getrennt.
Für den blauen Reverskragen Blenden und Kragen bis zum Schlitz für die Revers in 3 Teilen im Streifenmuster: 2 Maschen rechts, 2 Maschen links im Wechsel stricken. Nach erreichter Blendenbreite diese Maschen abketten und nach beendetem Reversschlitz die 3 Teile im Zusammenhang mit verkürzten Reihen stricken. Der Kragen hat die 4fache Blendenbreite.

Kragen

Kragen

Kragen

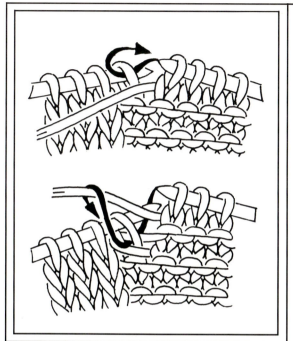

Kragen und Vorderteil können auch im Zusammenhang gestrickt werden, wie die Abbildung auf der Nebenseite zeigt. Das Vorderteil wird obenauf rechts gestrickt und als Fortsetzung der Blende der Umlegekragen im Perlmuster. Zur Verbreiterung des Aufschlages nimmt man beim Übergang vom Perlmuster zum obenauf rechts gestrickten Vorderteil entsprechend oft Maschen zu. Für das Revers werden Maschen abgekettet und in der folgenden Reihe wieder neu aufgeschlagen. Die Abbildung unten zeigt eine im Rippenmuster gestrickte Blende, die anstelle des Perlmusters gestrickt werden kann. Da die Strickdichte des Rippenmusters größer ist als die Strickdichte des obenauf rechts gestrickten Vorderteils, so müssen, damit Blende und Kragen das Vorderteil nicht zusammenziehen, verkürzte Reihen gestrickt werden. Die 9. und 10. Reihe strickt man nur über die Maschen der Blende. Verkürzte Reihen zeigen die Arbeitsproben oben. Man hebt die letzte Masche des Rippenmusters mit vorgelegtem Faden ab und wendet. Dieser Faden wird in der nächsten Reihe mit der Masche links zusammengestrickt.

Blenden

Blenden

Der Vorschlag auf der Nebenseite zeigt eine schmale Blende in abweichender Farbe, die an einem Pullover für Erwachsene oder Kinder Anwendung finden kann. Die Blendenbreite hängt vom Modell ab. Diese Blende wurde getrennt gestrickt und Vorderteil und Rücken aufgenäht, wie es die Arbeitsprobe auf Seite 184 unten zeigt. Zuerst strickt man die Halsblende, beginnt am Halsrand und strickt im Streifenmuster: 1 Masche rechts, 1 Masche links im Wechsel. Nachdem die offenen Maschen dem Halsausschnitt mit Steppstichen aufgenäht sind, strickt man die vorderen Schlußblenden in gleicher Weise und näht sie auf.

Blenden, wie sie an gerade Ränder angestrickt werden, zeigen Arbeitsprobe und Teilstück. Man holt dafür die neuen Maschen aus den Randmaschen heraus. Die Maschenanzahl muß vorher genau ausgerechnet werden. Die untere Blende ist in einer abweichenden Farbe im Streifenmuster angestrickt. 1. Reihe: 2 Maschen links und 1 Masche rechtsverschränkt im Wechsel. 2. Reihe: 1 Masche linksverschränkt und 2 Maschen rechts im Wechsel. Die 1. und 2. Reihe wiederholen.

Blenden

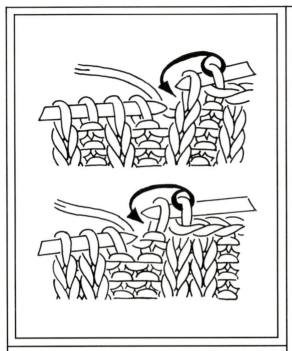

Blenden an gestrickten Kleidungsstücken bilden oft einen interessanten Randabschluß oder dienen als Knopfschluß. Schmale oder breite Blenden werden in einem zum Grundmuster passenden Muster gleich mit diesem im Zusammenhang gestrickt oder später den fertigen Teilen angestrickt. Die Abbildung links zeigt eine Blende, die dem geraden Rand eines Vorderteils angearbeitet werden kann. Man strickt aus den Randmaschen neue Maschen heraus, wie es die Arbeitsprobe auf Seite 199 erklärt, und arbeitet wie folgt:
1. Reihe: abwechselnd 1 Masche links, 2 Maschen rechtsverschränkt zusammenstricken, die Maschen noch auf der linken Nadel lassen und die 1. Masche nochmals rechts stricken. Dann erst die Maschen von der linken Nadel gleiten lassen. 2. Reihe: 2 Maschen links und 1 Masche rechts im Wechsel. Die 1. und 2. Reihe wiederholen. Die gleichen Maschen treffen übereinander. Nach erreichter Blendenbreite ist das richtige Abketten, die Rechtsmaschen rechts und die Linksmaschen links, wichtig, damit der äußere Rand nicht zu fest oder zu locker wird, siehe die Arbeitsproben oben.

Blenden

Diese beiden Abbildungen von Blenden sind als Knopfblenden von Jacken gedacht und werden im Zusammenhang mit dem Vorderteil gestrickt. Obenauf rechts und das Streifenmuster: 1 Masche rechtsverschränkt und 1 Masche links im Wechsel können gut nebeneinander gestrickt werden, da die Strickdichte beider Muster gleich ist, siehe obere Blende. Besonders sorgfältig müssen die Randmaschen für diese Blende gearbeitet werden.

Die untere Abbildung zeigt einen Vorschlag für eine Jacke aus starkem Wollgarn im Netzpatentmuster mit dem einfachen Patentmuster als Blende. Man strickt diese Muster im Zusammenhang nach den untenstehenden Strickschriften.

Für das einfache Patentmuster die 2. Reihe wiederholen.

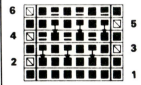

Die Strickschrift für das Netzpatentmuster gibt 3 Mustersätze. 3.–6. Reihe wiederholen.

Blenden

Die beiden Blenden auf dieser Seite sind als Abschluß eines obenauf rechts gestrickten Teiles gedacht. Strickt man z. B. eine Jacke vom seitlichen zum vorderen Rand obenauf rechts, dann beendet man die Vorderteile mit einer einfachen Blende im Rippenmuster, d. h. stets Rechtsmaschen stricken, siehe die obere Blende. Diese Blende kann beliebig breit sein und auch als Knopfblende gestrickt werden.

Die Blende im Zopfmuster (siehe untere Abbildung) eignet sich, wie die Blende im Rippenmuster, auch zur Anwendung an einer obenauf rechts gestrickten Jacke. Man strickt wie folgt: 1. Reihe: abwechselnd 2 Maschen links und 2 Maschen verkreuzen. Dafür strickt man zunächst die 2. Masche hinter der 1. Masche rechtsverschränkt, läßt die Masche noch auf der linken Nadel, strickt die 1. Masche rechts und hebt nun beide Maschen von der linken Nadel. 2. Reihe: abwechselnd 2 Maschen links, 2 Maschen rechts. 1. und 2. Reihe wiederholen.

Die Abbildung auf der Nebenseite zeigt eine Jacke im Patentmuster, siehe die Strickschrift auf Seite 201. Die vordere Blende wird im Rippenmuster angestrickt.

Blenden

Blenden

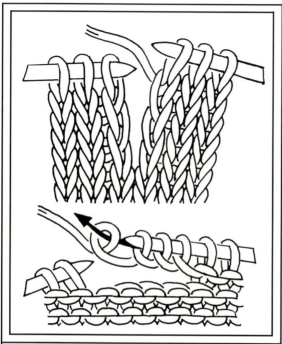

Waagerechte oder senkrechte Knopflöcher und wie sie eingestrickt werden, zeigen die nebenstehenden Arbeitsproben. Bei Damen- und Mädchenkleidung werden die Knopflöcher dem rechten Vorderteil, bei Herren- und Knabenkleidung dem linken Vorderteil eingearbeitet. Zuerst sollte man das Vorderteil ohne Knopflöcher arbeiten und auf der untertretenden Blende die Einteilung angeben.

Beim waagerechten Knopfloch muß man beachten, daß der Knopf nach dem Zuknöpfen genau in die Mitte der Blende kommt. Die Größe des Knopfloches richtet sich nach der Knopfgröße, und man kettet in einer Hinreihe 2 bis 4 Maschen ab. In der folgenden Rückreihe schlägt man die gleiche Maschenanzahl wieder auf, siehe untere Arbeitsprobe. Für ein senkrechtes Knopfloch teilt man die Arbeit bei Beginn genau in der Mitte der Blende. Dann strickt man zuerst auf der rechten Seite der Knopfgröße entsprechend viele Reihen hoch. Nach einer Hinreihe läßt man die Maschen auf der Nadel und strickt mit einem neuen Knäuel auf der linken Seite entsprechend viele Reihen. Das Knopfloch beendet man mit einer Rückreihe und

Blenden

strickt dann wieder über alle Maschen mit dem Faden von dem rechten Knopflochteil weiter. Die Randmaschen des Knopfloches können als Kettenrand gearbeitet werden. Strickt man jedoch die Blende im Rippenmuster (d. h. stets Rechtsmaschen), empfiehlt sich der Knötchenrand.

Die Abbildung des Knopfschlusses auf dieser Seite ist für eine Jacke gedacht. Die Vorderteile sind obenauf links zu stricken (d. h. Hinreihen links, Rückreihen rechts) und die Blende im Streifenmuster: 1 Masche rechts, 1 Masche links im Wechsel, mit Kettenrand.

Eine doppelte Blende für verdeckten Knopfschluß zeigt die Abbildung auf der Nebenseite unten. Diese Blende eignet sich für Jacken oder Pullover aus feinem Wollgarn. Die Pullover- oder Jackenteile strickt man in einem beliebigen Grundmuster und die Blende obenauf rechts (d. h. Hinreihen rechts, Rückreihen links) in doppelter Breite. Für den Umbruch ist die mittelste Masche in jeder Rückreihe mit vorgelegtem Faden abzuheben. Die Knopflöcher strickt man dem Belag ein, der zuletzt nach links umgesäumt wird.

Raglanschrägungen

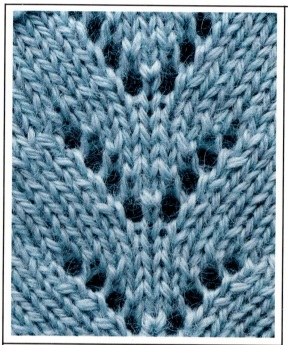

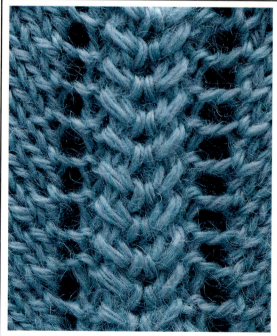

Für einen Pullover strickt man sehr gern Vorderteil, Rücken und Ärmel im Zusammenhang und betont dabei die Raglanschrägungen. Entweder beginnt man am Halsausschnittrand, dann müssen Maschen zugenommen werden, oder am unteren Rand vom Vorderteil, Rückenteil und Ärmeln. In diesem Fall nimmt man Maschen ab. Beispiele dafür zeigen die Abbildungen auf Seite 207 und 209 unten. Die Raglanschrägungen auf dieser Seite und der Nebenseite oben beginnt man am Halsausschnittrand.

Oberes Muster: 1. Reihe: 1 Umschlag, 1 Masche rechts, 1 Umschlag. 2., 4., 6., und 8. Reihe: links. 3. Reihe: 1 Umschlag, 3 Maschen rechts, 1 Umschlag. 5. Reihe: 1 Umschlag, 5 Maschen rechts, 1 Umschlag. 7. Reihe: 1 Umschlag, 7 Maschen rechts, 1 Umschlag. 1.–8. Reihe wiederholen.

Unteres Muster: 1. Reihe: 1 Umschlag, 1 Masche rechts, 2 Maschen nach rechts verkreuzen, d. h. die 2. Masche vor der 1. Masche rechts stricken, noch auf der linken Nadel lassen, die 1. Masche rechts stricken und beide Maschen von der linken Nadel gleiten lassen, 2 Maschen nach

Raglanschrägungen

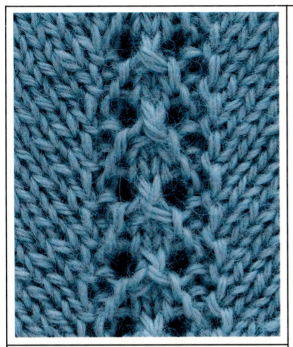

links verkreuzen, d. h. die 2. Masche hinter der 1. Masche rechtsverschränkt stricken, die 1. Masche rechts, dann beide Maschen von der linken Nadel gleiten lassen, 1 Masche rechts, 1 Umschlag. 2. Reihe: 1 Masche links, 1 Masche rechts, 4 Maschen links, 1 Masche rechts, 1 Masche links. 1. und 2. Reihe wiederholen.

Oberes Muster: 1. Reihe: Aus dem Verbindungsfaden 1 Masche rechtsverschränkt stricken, 1 Masche rechts, 1 Umschlag, 3 Maschen überzogen zusammenstricken, 1 Umschlag, 1 Masche rechts, aus dem Verbindungsfaden 1 Masche rechtsverschränkt. 2. Reihe: 1 Masche links, 1 Masche rechts, 3 Maschen links, 1 Masche rechts, 1 Masche links. 3. Reihe: aus dem Verbindungsfaden 1 Masche rechtsverschränkt stricken, 1 Masche links, 3 Maschen rechts, 1 Masche links und aus dem Verbindungsfaden 1 Masche rechtsverschränkt stricken. 4. Reihe: wie 2. Reihe. 1.–4. Reihe wiederholen.

Unteres Muster: 1. Reihe: 2 Maschen rechts zusammenstricken, 2 Maschen links, 2 Maschen überzogen zusammenstricken, d. h. 1 Masche

Raglanschrägungen

Raglanschrägungen

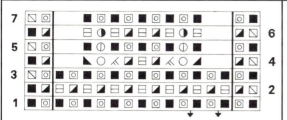

Die Strickschrift gibt das Halbpatentmuster für eine Jacke und die Betonung der Raglanschrägung. Man wiederholt für die Bildung der Form die 4.–7. Reihe fortlaufend. Wichtig ist das Zusammenstricken von 2 Maschen des Halbpatentmusters in der 4. Reihe. Dafür strickt man stets die 2 Maschen vor dem 1. Umschlag und die 2 Maschen nach dem 2. Umschlag zusammen. Die Jacke wurde aus starkem Wollgarn mit Stricknadeln Nr. 5 gestrickt.

abheben, 1 Masche rechts stricken und die abgehobene Masche überziehen. 2. Reihe: 1 Masche links, 2 Maschen rechts, 1 Masche links. Die 1. und 2. Reihe wiederholen.

Die Abbildung auf der Nebenseite zeigt eine Raglanschrägung im Halbpatentmuster. Man strickt hin- und hergehend nach der Strickschrift auf dieser Seite. Die Strickschrift gibt innerhalb der starken Linien 13 Maschen, der Mustersatz innerhalb der Pfeile ist zu wiederholen. Die Maschen außerhalb der starken Linien sind Randmaschen. Die 1. Reihe ist eine Rückreihe, und die 2. und 3. Reihe ist zu wiederholen. Bei Beginn der Raglanschrägung arbeitet man Vorderteil, Rücken und Ärmel im Zusammenhang, und für die Betonung strickt man die 4.–7. Reihe der Strickschrift. In der 4. Reihe Maschen abnehmen. Die übrigen Maschen sind im Halbpatentmuster fortzusetzen.

Links:
Für diese Raglanschrägung strickt man in jeder 4. Reihe vor und nach einer Rechtsmasche 3 Maschen links zusammen.

Runde Passe

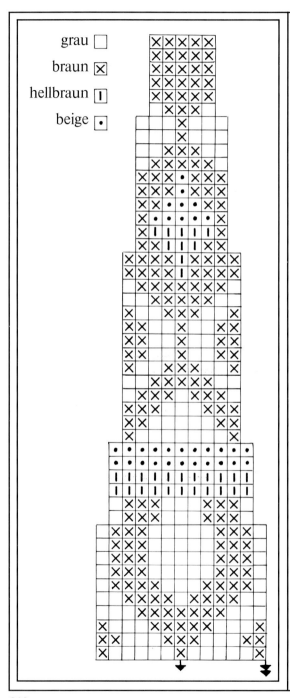

Die mehrfarbige runde Passe auf der Nebenseite wird in Rechtsrunden nach dem Zählmuster gestrickt. Man arbeitet mit 2 Farbfäden und führt den nichtgebrauchten Arbeitsfaden auf der Rückseite lose weiter. Das Zählmuster gibt in der Breite einen Mustersatz mit den Abnehmestellen. In der Höhe gibt das Zählmuster die ganze Passe. Für einen Damen- bzw. Herrenpullover wird der Mustersatz etwa 20mal in der Runde wiederholt. Innerhalb jedes Mustersatzes sind Maschen abzunehmen. Dafür strickt man 3 Maschen zusammen, d. h. die am Zählmuster mit Pfeil bezeichnete Masche mit der davorliegenden Masche wie zum Rechtsstricken abheben, die folgende Masche rechts stricken und die 2 abgehobenen Maschen überziehen. Dem Zählmuster entsprechend nimmt man in der 11., 17., 31. und 41. Runde Maschen ab. Der Doppelpfeil bezeichnet die vordere Mitte. Als Abschluß strickt man einen Rollkragen im Streifenmuster: 2 Maschen rechts, 2 Maschen links im Wechsel.

Alle Kanten in zweifarbiger Musterstrickerei eignen sich für runde Passen.

Runde Passe

Wichtige Stricktips

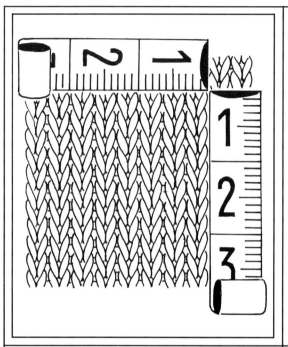

Das Berechnen des Maschenanschlages, das Zu- und Abnehmen sowie die Reihenanzahl sind vor Beginn der Arbeit wichtig. Die nebenstehende Abbildung zeigt das Anlegen des Metermaßes.

Die Arbeitsprobe zeigt die Ausführung der Stricknaht. Man arbeitet von rechts nach links und nimmt stets 2 Maschen auf. Der Arbeitsfaden ist der Deutlichkeit halber dunkler gegeben.

Rechts:
Die Abbildung auf der Nebenseite zeigt den Ausschnitt eines Vorderteiles. Einem Pullover oder einer Jacke kann ein Reißverschluß eingenäht werden. Dafür ist es ratsam, die Randmaschen der vorderen Ränder aufzunehmen und diese in einer Rückreihe mit Rechtsmaschen abzuketten.

Wichtige Stricktips

Taschen

Taschen

Taschen sind auch für Strickkleidung sehr nützlich und zugleich ein schmückendes Detail. Sie können getrennt vom Vorderteil gearbeitet oder auch gleich eingestrickt werden.

Die Taschen auf diesen Seiten werden getrennt gestrickt und zuletzt aufgenäht. Je nach Anwendungszweck, für Erwachsene oder Kinder, richtet sich die Größe der quadratischen Tasche auf der Nebenseite. Die Tasche wird obenauf rechts gestrickt, d. h. Hinreihen rechts, Rückreihen links, und am unteren Rand mit 3 Reihen im Perlmuster begonnen, d. h. 1 Masche rechts, 1 Masche links im Wechsel. Die Maschen in jeder Reihe versetzen. An den seitlichen Rändern sind je 3 Maschen und am oberen Rand wieder 3 Reihen im Perlmuster zu stricken. Ebenfalls im Perlmuster strickt man die Lasche mit Knopfloch, die etwas über dem oberen Taschenrand aufgenäht wird. **Die obere Tasche** mit schrägem Tascheneingriff beginnt man an der unteren Ecke mit 3 Maschen und strickt in hin- und hergehenden Reihen stets rechts. Am Ende jeder Reihe nimmt man 1 Masche zu. Nach

Taschen

erreichter Taschenbreite nimmt man weiterhin an einer Seite Maschen zu und auf der anderen Seite durch Zusammenstricken von 2 Maschen ab. Nach erreichter Größe die Maschen abketten (schräger Tascheneingriff). Die übrigen 3 Seiten mit einer Reihe festen Maschen behäkeln.

Die Tasche mit Klappe (untere Abbildung Seite 215) kann rechteckig oder quadratisch sein. Man beginnt am unteren Rand mit 6 Reihen im Rippenmuster (d. h. stets rechts stricken), arbeitet dann weiter im doppelten Perlmuster: 1 Masche rechts, 1 Masche links im Wechsel. In jeder Hinreihe die Maschen versetzen. Seitlich sind weitergehend 5 Maschen im Rippenmuster zu stricken. Nach erreichter Taschengröße arbeitet man die Klappe gleich an, die man mit einer Knopflochlasche im Rippenmuster beendet.

Die 4 Taschen dieser Seiten werden mit dem Vorderteil im Zusammenhang gestrickt und vor Beginn der Arbeit dem Schnitt eingezeichnet.

Die obere Tasche auf dieser Seite in quadratischer oder rechteckiger Form wird im doppelten Perlmuster oder einem beliebigen anderen Muster dem Vorderteil (oben-

Taschen

auf rechts) eingestrickt. Nach erreichter Höhe kettet man die Maschen für den Tascheneingriff in einer Rückreihe ab und strickt die Reihe zu Ende. Nun unterbricht man das Stricken des Vorderteils und schlägt auf einer Hilfsnadel die Maschen für die Taschenrückwand neu auf. Diese Maschenanzahl ist ebenso groß wie die Maschenanzahl der abgeketteten Maschen. Die Taschenrückwand wird in gleicher Größe wie die Tasche obenauf rechts gestrickt. Nach Vollendung fügt man die Maschen dem Vorderteil ein, indem man wieder über alle Maschen strickt.

Die **untere Tasche auf Seite 216** strickt man in gleicher Weise, nur wird das Vorderteil obenauf links und eine etwa 3 cm breite Taschenblende unterhalb des Tascheneingriffs im Streifenmuster gestrickt.

Die **obere Tasche** wird mit einer Taschenklappe gearbeitet. Tascheneingriff und Rückwand strickt man wie beschrieben, nur obenauf rechts. Nach Vollendung nimmt man ohne Arbeitsfaden die senkrechten Maschenglieder der 2. Reihe oberhalb des Tascheneingriffes auf die Nadel. Über diese Maschen strickt man die Taschenklappe im Patentmuster mit

Taschen

einem Knopfloch.
Schräger Tascheneingriff (untere Abbildung Seite 217). Dafür zeichnet man die Schrägung auf den Schnitt. Bei Beginn teilt man die Arbeit und strickt den vorderen Teil für sich obenauf rechts weiter. Für die Schrägung nimmt man Maschen ab. Nach beendetem Taschenschlitz strickt man zunächst die Taschenrückwand bis Schlitzbeginn. Dann arbeitet man mit den Maschen des seitlichen Vorderteils im Zusammenhang mit der Taschenrückwand bis Taschenschlitzende. Nun wird wieder über die ganz Breite gestrickt. Zuletzt wird die Blende im Rippenmuster angearbeitet. Auch der fertigen Strikkerei können noch Taschen eingearbeitet werden. Dafür zieht man den Faden einer gestrickten Reihe an entsprechender Stelle heraus und nimmt die freigelegten Maschen auf Stricknadeln (untere Abbildung). Über diese Maschen strickt man die Taschenrückwand in entsprechender Länge an. Dem unteren Teil kann ein Saum angestrickt werden, mit einer Linksreihe für den Umbruch (obere Abbildung).
Rechts:
Die Beschreibungen für die gestrickten Falten befinden sich auf Seiten 220 und 221.

Gestrickte Falten

Gestrickte Falten

Falten, die sich für gestrickte Röcke eignen, zeigen die Abbildungen auf den Seiten 219 bis 221. Wichtig ist, daß vor Beginn der Arbeit Bundweite und untere Rockweite genau feststehen. Die Strickerei der Plisseefalten auf Seite 219 beginnt am Bundrand und wird durch Zunehmen von Maschen beliebig erweitert.
1. Reihe: abwechselnd 1 Masche rechts, 3 Maschen links. 2. Reihe: abwechselnd 1 Masche links, 1 Masche rechts, 2 Maschen links. 1. und 2. Reihe bis zur ersten Zunehmestelle wiederholen. Dafür beiderseitig einer obenauf links gestrickten Masche den Verbindungsfaden als rechtsverschränkte Masche abstricken. Die zugenommenen Maschen sind im Perlmuster zu stricken. Das Zunehmen wird der gewünschten Weite und Länge des Rockes entsprechend oft wiederholt. Abwechselnd einmal beiderseitig einer Rechtsmasche und einmal beiderseitig einer Linksmasche ist zuzunehmen.
Die **einseitigen Falten** (linke Abbildung) strickt man von oben, so kann man die Rocklänge gut bestimmen und auch Kinderröckchen später verlängern. 1. Reihe: 10 Maschen rechts, 1 Masche links,

Gestrickte Falten

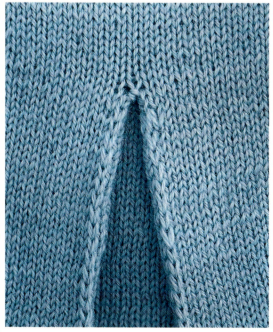

5 Maschen rechts, 1 Masche abheben im Wechsel. 2. Reihe: 6 Maschen links, 1 Masche rechts und 10 Maschen links im Wechsel.
1. und 2. Reihe fortlaufend wiederholen. Beim Zusammennähen bilden die abgehobenen Maschen den Außenbruch und die obenauf links gestrickten Maschen den Innenbruch der Falten.

Die Falten oben beginnt man mit einem der Länge des Rockes entsprechenden Maschenanschlag und strickt abwechselnd 23 Reihen obenauf rechts und 11 Reihen obenauf links. Die Strickerei wird am oberen Rand in Falten gelegt und in einen doppelten Bundrand gefaßt.

Die Kellerfalte (untere Abbildung) wird einem obenauf rechts gestrickten Rock eingearbeitet. Man schlägt am unteren Rand die Maschen zusätzlich für die Falte auf und strickt im Zusammenhang Rock- und Faltenteil obenauf rechts. Die Außenbrüche der Falten bildet man, indem in den Hinreihen die entsprechende Rechtsmasche stets mit hintergelegtem Faden abgehoben wird. Für die Innenbrüche strickt man 1 Masche obenauf links. Die Faltenmaschen sind nach erreichter Höhe abzuketten.

Ärmelbündchen

Ärmelbündchen

Soll ein Ärmelbündchen fest anliegen, strickt man dieses in einem elastischen Muster. Nach dem Bündchen entsteht die größere Ärmelweite durch Zunehmen von Maschen oder einem anderen Muster. Dafür zeigt die Abbildung auf der Nebenseite einen besonders schönen Vorschlag. Man strickt das Bündchen im Streifenmuster: 1 Masche rechts, 1 Masche links im Wechsel und den Ärmel im Patentmuster. Die Rechtspatentmaschen treffen über die Rechtsmaschen.

Für das obere Bündchen strickt man im Streifenmuster: 1 Masche rechts, 1 Masche links. Nach dem Bündchen strickt man mit größerer Nadelstärke obenauf rechts weiter und nimmt in der ersten Reihe nach der 1. und jeder 8. folgenden Masche den Verbindungsfaden als rechtsverschränkte Masche ab.

Für den Ärmel unten wurde schon das Bündchen im Muster des Ärmels gestrickt und zur Erweiterung für den Ärmel stets zwischen 2 Rechtsmaschen 1 Masche zugenommen, indem der Verbindungsfaden als rechtsverschränkte Masche abgestrickt wird. Dieser Vorschlag ist auch bei anderen Streifenmustern möglich.

Ärmelbündchen

Die obere Abbildung zeigt ein aufgeschlagenes Bündchen. Man strickt zunächst im Streifenmuster: 2 Maschen rechts, 2 Maschen links im Wechsel. Nach 5 cm Höhe strickt man für den Umbruch in einer Hinreihe durchgehend Linksmaschen, und nach weiteren 4 cm im Streifenmuster ist das Bündchen beendet. Nun nimmt man in einer Hinreihe gleichmäßig verteilt Maschen zu und strickt den Ärmel obenauf rechts.

Die Abbildung unten zeigt eine in Längsrichtung gestrickte angenähte Manschette. Diese beginnt man an einer Schmalseite und strickt im Rippenmuster (stets Rechtsmaschen). Dem Übertritt werden 2 Knopflöcher durch Abketten und Neuaufschlagen von Maschen eingearbeitet. Die fertige Manschette näht man dem unteren eingehaltenen Ärmelrand auf. Zu beachten ist, daß dem Ärmel ein Schlitz einzuarbeiten ist.

Die Abbildung oben auf Seite 225 zeigt einen Ärmel mit Knopfschluß. Man beginnt am unteren Rand in 2 Teilen, strickt zunächst für den untertretenden Teil eine Blende 6 Reihen im Rippenmuster (stets Rechtsmaschen). Für den übertretenden Teil nimmt

Ärmelbündchen

man zur Bildung der Ecke zunächst in jeder Hinreihe 1 Masche zu, indem man den Verbindungsfaden zwischen Rippenmusterrand und obenauf rechts gestricktem Grund rechtsverschränkt abstrickt. Diese zusätzlichen Maschen strickt man obenauf rechts. Nach erreichter Spitze beginnt man mit der Maschenabnahme, indem man in jeder Hinreihe 2 Maschen rechts zusammenstrickt. Die Maschenanzahl der Blende bleibt unverändert. Der Ecke kann ein Knopfloch eingearbeitet werden.

Die untere Abbildung zeigt eingezogenen Schnürchengummi in einen im Streifenmuster gestrickten Rand.

Strickschriften

Strickschriften für die Muster auf den Seiten 24 und 25

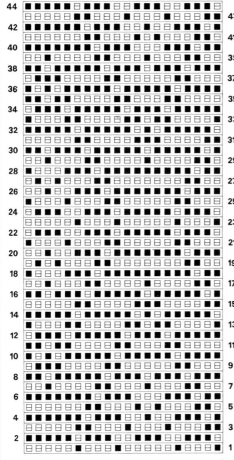

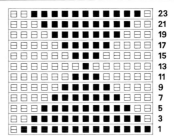

2 Weißes Rhombenmuster
Die Strickschrift gibt einen Mustersatz. In den Rückreihen Rechtsmaschen rechts, Linksmaschen links stricken. 1.–24. Reihe wiederholen.

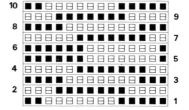

3 Türkisfarbenes Flächenmuster
Die Strickschrift gibt einen Mustersatz. 1.–10. Reihe wiederholen.

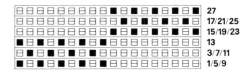

1 Blaues Rhombenmuster
Die Strickschrift gibt einen Mustersatz. 1.–44. Reihe wiederholen.

4 Grünes Karomuster
Die Strickschrift gibt einen Mustersatz. In den Rückreihen Rechtsmaschen rechts, Linksmaschen links stricken. 1.–28. Reihe wiederholen.

Strickschriften

Zählmuster für das Muster auf Seite 35

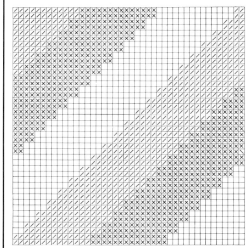

5 Dreifarbiges Schrägstreifenmuster
Man strickt im Streifenmuster:
1 Masche rechts, 1 Masche links im Wechsel mit 3 Farbfäden. Die erste Masche nach dem Farbwechsel ist eine Rechtsmasche. 1 Kästchen = eine Strickmasche. Leeres Kästchen = weiß, Kästchen mit Kreuz = blau, Kästchen mit Schrägstrich = gelb.

Strickschriften für die Muster auf den Seiten 58 und 59

8 In den Rückreihen Rechtsmaschen rechts, Linksmaschen links stricken. 1.–32. Reihe wiederholen.

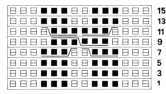

6 In den Rückreihen Rechtsmaschen rechts, Linksmaschen links stricken. 1.–16. Reihe wiederholen.

7 In den Rückreihen Rechtsmaschen rechts, Linksmaschen links stricken. 1.–12. Reihe wiederholen.

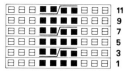

9 In den Rückreihen Rechtsmaschen rechts, Linksmaschen links stricken. 1.–12. Reihe wiederholen.

Strickschriften

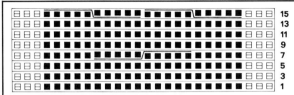

10 In den Rückreihen Rechtsmaschen rechts, Linksmaschen links stricken. 1.–16. Reihe wiederholen.

Strickschriften für die Muster auf den Seiten 62 und 63

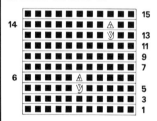

11 In den nichtgegebenen Rückreihen Rechtsmaschen stricken. 1.–16. Reihe wiederholen. Noppen stets um 2 Maschen weiter verschieben.

hen Rechtsmaschen stricken. 1.–32. Reihe wiederholen.

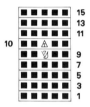

12 In den nichtgegebenen Rückreihen Rechtsmaschen stricken. 1.–16. Reihe wiederholen.

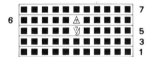

14 In den nichtgegebenen Rückreihen Rechtsmaschen stricken. 1.–8. Reihe wiederholen.

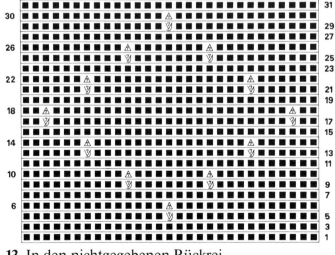

13 In den nichtgegebenen Rückrei-

Strickschriften

Strickschrift für das obere Muster auf Seite 70

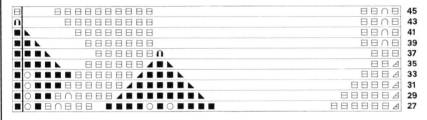

15 Rückreihen rechts, nur die
5 Noppenmaschen links stricken.
5.–20. Reihe wiederholen.

Strickschriften für die Muster auf den Seiten 72 und 73

17 Weißes Blattmuster
Die Strickschrift gibt die Hälfte des Musters und die Mittelmasche (links neben der starken Linie). Man liest die Reihen zunächst von rechts nach links ab, strickt die Mittelmasche und für die 2. Hälfte die Strickschrift zurückgehend von links nach rechts. In den Rückreihen Rechtsmaschen und herausgestrickte Maschen rechts, Umschläge und Linksmaschen links stricken. Die 15.–26. Reihe beliebig oft wiederholen, und als Abschluß die 27.–46. Reihe stricken.

Strickschriften

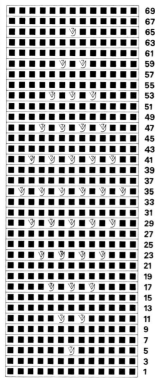

16 Großes blaues Noppenmuster
In den nichtgegebenen Rückreihen Rechtsmaschen stricken. Die 7 Maschen für die große Noppe nach dem Herausstricken wenden, zurückgehend links und hingehend rechts abstricken. Diese 7 Noppenmaschen sind in den Rückreihen links zusammenzustricken. Die 11.–70. Reihe kann wiederholt werden.

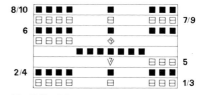

18 Lila Noppenmuster
In der 5. Reihe für eine Noppe aus einer Masche 7 Maschen stricken, d. h. 1 Masche rechts und 1 Umschlag bilden im Wechsel. Zuletzt noch 1 Masche rechts, wenden, die 7 Maschen rechts stricken, wenden und die 7 Noppenmaschen rechtsverschränkt zusammenstricken, dann die Reihe vollenden.
1.–10. Reihe wiederholen.

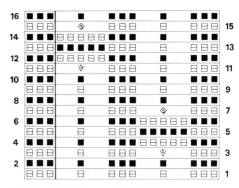

19 Dunkelblaues Blättchenmuster
Mustersatz bis zur starken Linie wiederholen. Maschen außerhalb sind Randmaschen. 1.–16. Reihe wiederholen.

Strickschriften

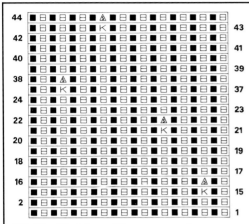

20 Dreifarbiges Noppenmuster
1. und 2. Reihe: hellblau.
3.-14. Reihe: wie 1. und 2. Reihe, hellblau. 15. und 16. Reihe: mittelblau. 17.-20. Reihe: hellblau. 21. und 22. Reihe: weiß. 23. und 24. Reihe: hellblau. 25. bis 36. Reihe: wie 23. und 24. Reihe hellblau. 37. und 38. Reihe: weiß. 39.-42. Reihe: hellblau. 43. und 44. Reihe: mittelblau.
1.-44. Reihe wiederholen.

Strickschrift für das Muster auf Seite 78

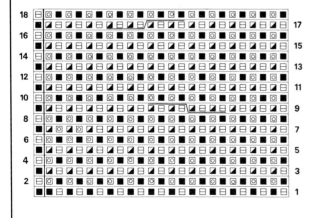

21 Weißes Patentmuster mit Verkreuzungen.
3.-18. Reihe wiederholen.

Strickschriften

Strickschrift für das Muster auf Seite 93

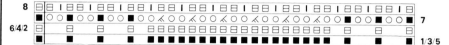

22 1.–8. Reihe wiederholen.

Strickschriften für die Muster auf den Seiten 100 und 101

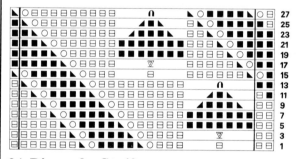

23 Die Strickschrift gibt in der Breite den ganzen Musterstreifen.
1.–6. Reihe wiederholen.

24 Diagonales Streifenmuster
In den Rückreihen Rechtsmaschen rechts, Linksmaschen, Umschläge und die herausgestrickten Maschen links stricken. 15.–28. Reihe wiederholen, dabei die Schrägungen fortsetzen und die 7 Maschen im Abstand von der Schrägung wie in der 17. Reihe herausstricken.

Strickschriften

Strickschriften für die Muster auf den Seiten 104 und 105

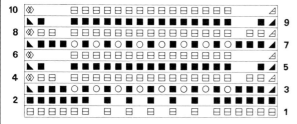

25 Weißes Pfauenschweifmuster
1.–10. Reihe wiederholen.

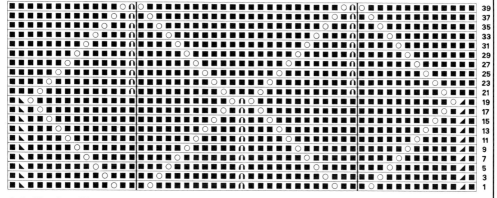

26 Großes Karomuster
In den Rückreihen Maschen und Umschläge links stricken.
1.–40. Reihe wiederholen.

Strickschriften

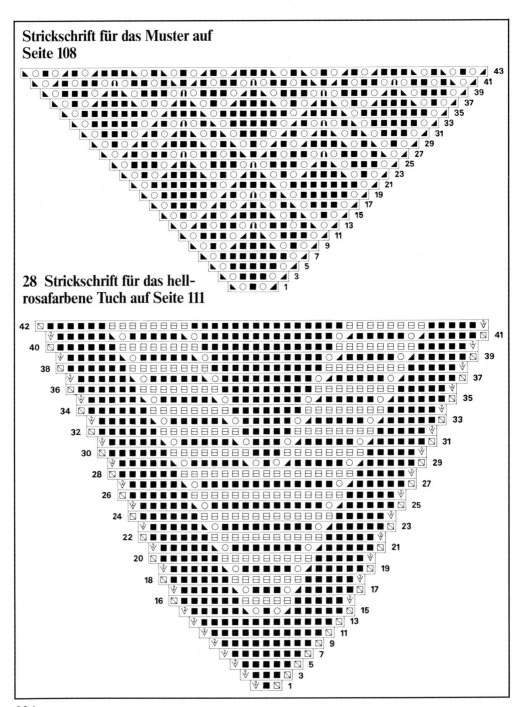

Strickschriften

Links:

27 In den Rückreihen Maschen und Umschläge links stricken. Außerhalb des Durchbruchmusters obenauf rechts stricken, d. h. Hinreihen rechts, Rückreihen links. Nach der 44. Reihe wieder mit der 31. Reihe beginnen, nur beachten, daß sich das Muster verbreitert.

Rechts:

29 Strickschrift für das dunkelrosafarbene Tuch auf Seite 111

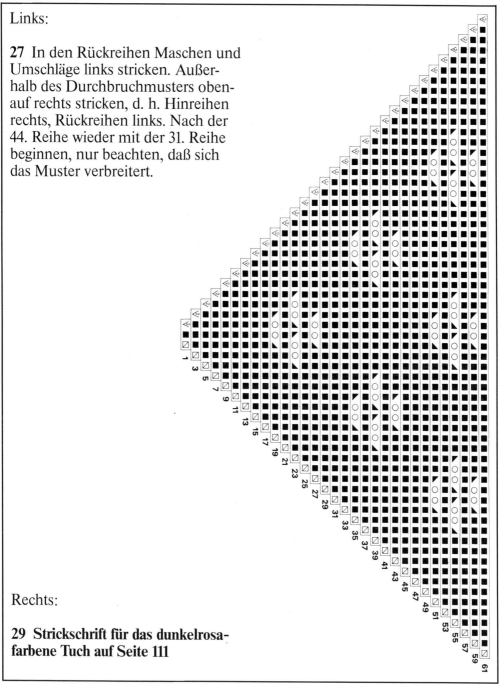

Zeichenerklärungen für die Strickschriften

Umschlag oder Doppelumschlag fallen lassen

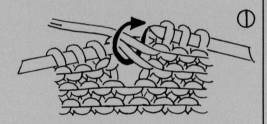

1 Umschlag mit 1 neuen Umschlag abheben

2 Umschläge rechts zusammenstricken

2 Maschen rechts zusammenstricken

2 Maschen überzogen zusammenstricken, d. h. 1 Masche wie zum Rechtsstricken abheben, 1 Masche rechts, die abgehobene Masche über die gestrickte ziehen.

2 Maschen links zusammenstricken

2 Maschen rechtsverschränkt zusammenstricken

2 Maschen linksverschränkt zusammenstricken

3 Maschen rechts zusammenstricken

3 Maschen links zusammenstricken

3 Maschen überzogen zusammenstricken, d. h. 1 Masche wie zum Rechtsstricken abheben, die folgenden 2 Maschen rechts zusammenstricken, die abgehobene Masche darüberziehen.

3 Maschen zusammenstricken, d. h. 2 Maschen zusammen wie zum Rechtsstricken abheben, 1 Masche rechts, dann die abgehobenen Maschen überziehen.

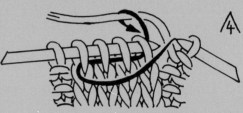

4 Maschen bzw. so viele Maschen rechts zusammenstricken, wie die Zahl angibt

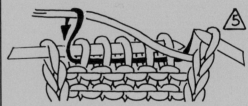

5 Maschen bzw. so viele Maschen links zusammenstricken, wie die Zahl angibt

Zeichenerklärungen für die Strickschriften

5 bzw. so viele Maschen, wie die Zahl angibt, rechtsverschränkt zusammenstricken.

1 Masche mit dem Umschlag rechtsverschränkt zusammenstricken.

1 Masche rechtsverschränkt aus dem Verbindungsfaden stricken

Den Verbindungsfaden auf die linke Nadel nehmen und links stricken.

2 Maschen nach rechts verkreuzen, d. h. die 2. Masche vor der 1. Masche rechts stricken, noch auf der linken Nadel lassen, die 1. Masche rechts stricken und beide Maschen von der linken Nadel gleiten lassen.

2 Maschen nach links verkreuzen, d. h. die 2. Masche hinter der 1. Masche den Zeichen entsprechend rechts, rechtsverschränkt oder linksverschränkt stricken, noch auf der linken Nadel lassen, die 1. Masche rechts stricken und beide Maschen von der linken Nadel gleiten lassen.

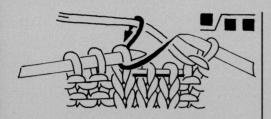

Nach rechts verkreuzte Maschen, d. h. entsprechend viele Maschen vor der schrägen Linie auf eine Hilfsnadel nach hinten legen. Dann die Maschen hinter der schrägen Linie und anschließend die Maschen von der Hilfsnadel den Zeichen entsprechend rechts oder links stricken.

Nach links verkreuzte Maschen, d. h. entsprechend viele Maschen vor der schrägen Linie auf eine Hilfsnadel nach vorn legen. Dann die Maschen hinter der schrägen Linie und anschließend die Maschen von der Hilfsnadel den Zeichen entsprechend rechts oder links stricken.

Verkreuzte Maschen, d. h. entsprechend viele Maschen vor der schrägen Linie auf die 1. Hilfsnadel nach vorn nehmen, die Maschen zwischen den schrägen Linien auf eine 2. Hilfsnadel nach hinten nehmen. Die Maschen nach der 2. schrägen Linie, dann die Maschen von der 2. Hilfsnadel und zuletzt die Maschen von der 1. Hilfsnadel den Zeichen entsprechend stricken.

Aus einer Masche 2 bzw. so viele Maschen herausstricken, wie die Zahl angibt, und zwar abwechselnd 1 Masche rechts , 1 Masche links

Aus einer Masche 3 Maschen bzw. so viele Maschen herausstricken, wie die Zahl angibt, und zwar abwechselnd 1 Masche rechts und 1 Umschlag.

Zeichenerklärungen für die Strickschriften

Aus 1 Masche 3 Maschen herausstricken bzw. so viele Maschen, wie die Zahl angibt, und zwar 1 Masche rechts, 1 Masche links, 1 Masche rechts usw.

Aus 3 Maschen 3 Maschen herausstricken: in die 3 Maschen zusammen wie zum Rechtsverschränktstricken einstechen, Schlinge holen, Umschlag bilden, Schlinge holen.

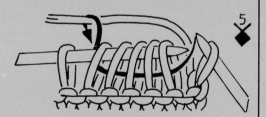

Aus 5 Maschen 5 Maschen bzw. so viele Maschen, wie die Zahl angibt, herausstricken: in die 5 Maschen zusammen wie zum Rechtsverschränktstricken einstechen, abwechselnd 1 Schlinge holen, 1 Umschlag bilden, zuletzt noch 1 Schlinge holen.

Für eine Noppe aus einer Masche 7 Maschen stricken (abw. einmal in die Masche 1 Reihe tiefer und einmal in die Masche einstechen und je 1 Schlinge holen, zuletzt noch einmal in die Masche 1 Reihe tiefer einstechen und 1 Schlinge holen)

Für eine Noppe in der Rückreihe nach der 2. Masche einstechen, 1 Schlinge holen, 1 Umschlag bilden, 1 Schlinge holen, 1 Umschlag bilden und 1 Schlinge holen. Die 2 übergangenen Maschen links zusammenstricken. In der folgenden Hinreihe werden die 5 Noppenmaschen rechtsverschränkt zusammengestrickt.

 K

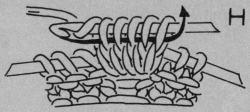 H

Aus 1 Masche 5 bzw. 7 Maschen herausstricken, abw. 1 Masche rechts, 1 Umschlag, zuletzt noch 1 Masche rechts, wenden, die Maschen rechts bzw. links stricken, wenden, die Masche noch einmal rechts stricken.

Für die Noppe mit der Häkelnadel 1 Schlinge abmaschen und 4 zusammen abgemaschte Stäbchen häkeln, d. h. in die folgende Masche 1 Reihe tiefer einstechen, 1 Schlinge holen und abmaschen, dann 4mal abw. 1 Umschlag bilden, in den gleichen Einstichpunkt einstechen, 1 Schlinge holen und stets die beiden Maschenglieder zusammen abmaschen. Dann die auf der Nadel befindlichen 5 Maschenglieder zusammen mit 1 neuen Umschlag abmaschen und die Maschen auf die rechte Nadel nehmen. Die folgenden Maschen mustergemäß rechts bzw. links stricken. In der folgenden Reihe die Noppenmaschen wie angegeben zusammenstricken.

Für die Noppe 2 Reihen tiefer in die Linksmasche einstechen und 1 Schlinge holen, 2mal im Wechsel 1 Umschlag und 1 Schlinge holen. Alle 5 Schlingen mit der folgenden Linksmasche rechtsverschränkt zusammenstricken.

Wickelmasche, d. h. entsprechend viele Maschen auf 1 Hilfsnadel nehmen und, wie in der Musterbeschreibung angegeben, mit dem Arbeitsfaden umwickeln, dann die Masche rechts abstricken.

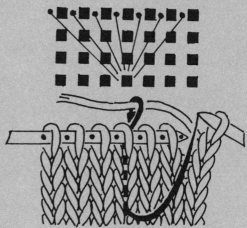

7mal im Wechsel 1 Masche rechts, in die 3. folgende Masche 4 Reihen tiefer einstechen und den Faden als Schlinge durchholen.

Zeichenerklärungen für die Strickschriften

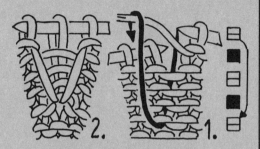

Für die Linksmasche 4 Reihen tiefer von hinten einstechen und nach dem Abstricken die Masche von der Nadel gleiten lassen.

Die aus dem Umschlag entstandene Masche fallen lassen und auflösen.

Die aus dem Umschlag entstandene Masche fallen lassen und aus dem oberen querliegenden Maschendraht 2 Maschen stricken, d. h. 1 Masche rechts und 1 Masche links.

1 Masche tief rechts stricken und dabei die Masche auflösen.

Beim Stricken der Rechtsmasche den querliegenden Maschendraht der in der vorhergehenden Reihe aufgelösten Masche mit fassen.

1 Masche ohne Arbeitsfaden wie zum Rechtsstricken abheben

Nach der 3. Masche 1 Schlinge holen und 3 Maschen rechts.